ばあちゃん助産師《せんせい》

こころの子育て

まえがき

私は今年で九十一才になりました。
お産を取るようになったのは二十一才。気がつけば日本の戦後七十年間、
赤ちゃんとお母さんに寄り添い、お世話してきたことになります。
命がけで生まれてくる赤ちゃんと、命がけで産むお母さんとの営みの中で、
私は、ものを言わぬ赤ちゃんの言葉を肌で感じ、
赤ちゃんの思いが心に染み入るようにわかってきました。
助産所は自宅を兼ねているので、私はたいてい助産所にいます。

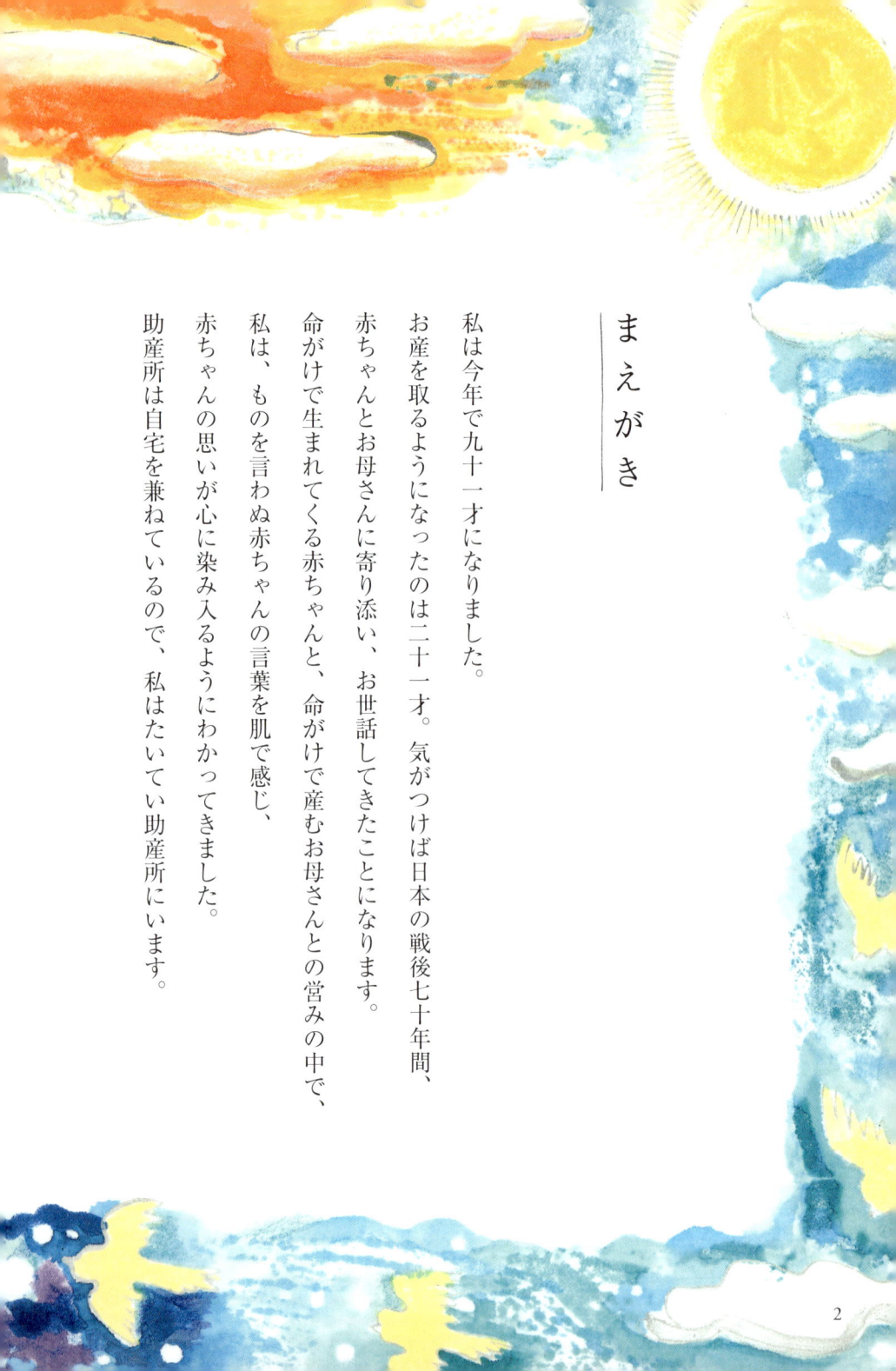

地域のお母さんたちは、心配事があると気軽に訪ねてくれます。
お乳が張って痛い、赤ちゃんが寝てくれない、思春期に心配事が起きた、
夫婦関係にトラブルがある、などなど。
子どもが大きくなってからも、困ったときに私を思い出してくれること
は、とてもありがたいことです。みなさんのおかげで、
私は助産所にいながら、子育てについて、
深く考え続ける機会をいただきました。
七十年間で世の中は大きく変わり、生まれてくる赤ちゃんも進化しました。
私がお産をはじめたころの赤ちゃんは、おサルのように

額まで産毛が生えていて、手をギュッと握りしめ、
おめめも一週間くらいつむったままでした。
最近の赤ちゃんは栄養状態がいいので、ゆうゆうと手を開き、
誕生した日におめめを開けます。脳の発達で頭も大きくなりました。
その一方、退化したと感じることもあります。
それは、親子の絆、家族の絆が薄れて、真の意味で自尊感情を持った
子どもが育ちにくくなっていることです。
どんな人にも、一生のうちには、つらいこと、挫折することが
あります。そんなとき、しっかりとした自尊感情があれば、
立ち直り立ち直りしながら、歩いていけます。
逆に、自尊感情がなかったら、どんなに学校の成績がよくても、

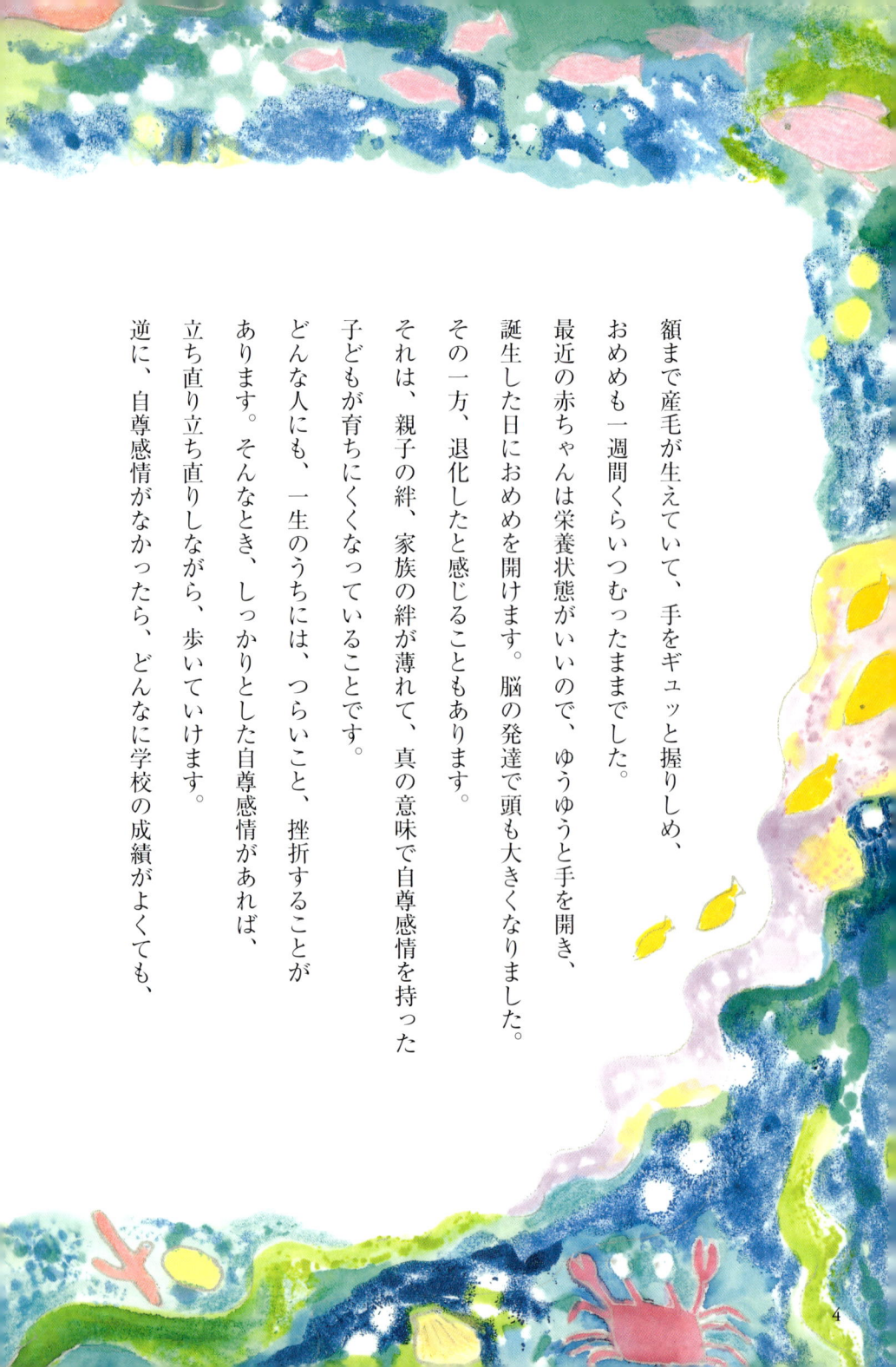

社会で通用する大人になることはできません。
自尊感情を育てるには、「自分は親から大切にされている」と
心の底から実感することが第一です。
そして、それを実感してもらうのにいちばん適した時期は、
○才児のとき。子育ては最初の一年間が肝心なんです。

自然には無駄なものは何ひとつありません。
生まれたての赤ちゃんが、歩くことも、話すこともできないのは
生活の百パーセントを委ねてお世話してもらうことで、
「私はお母さんから大切にされた、かけがえのない命なんだ」と、
心の髄で実感するためなのだと私は思っています。

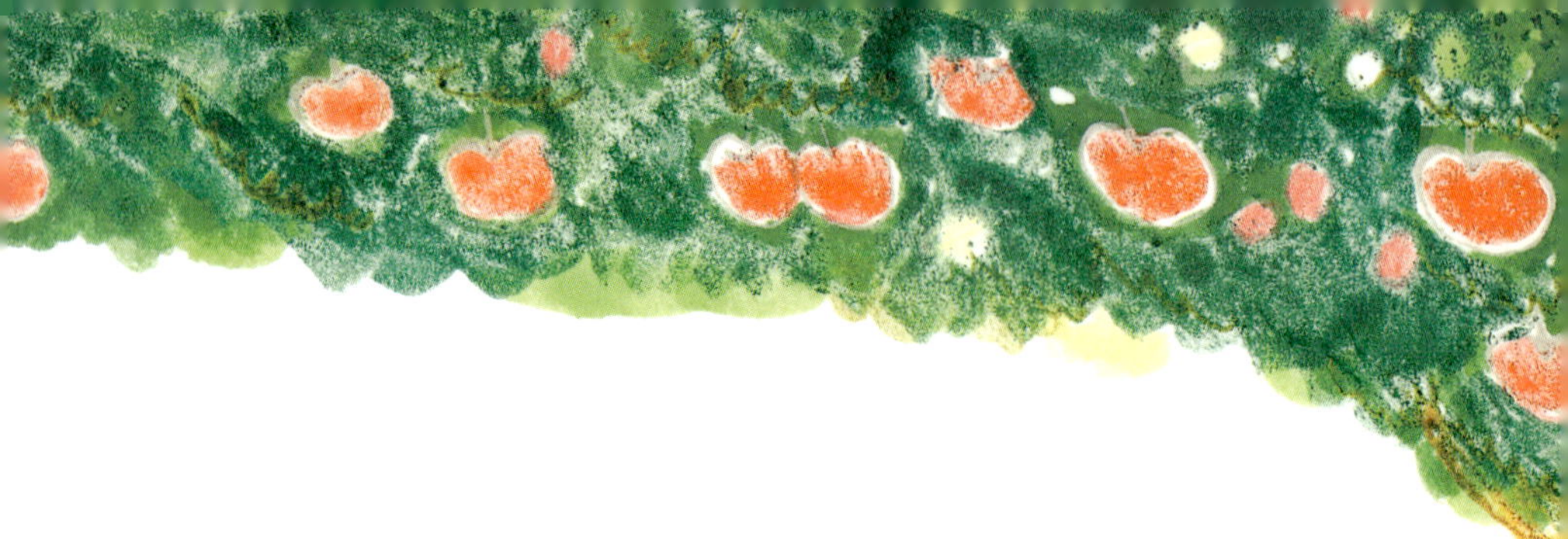

ですから助産所に来てくれるお母さんたちには
「〇才の赤ちゃんには、抱いて抱いて抱きしめて、
降るほどの愛情を与えてやってな」とお話しています。
そうすることで、赤ちゃんとお母さんの間に、
一生ものの信頼関係が生まれるのです。
育児の半分は〇才児で終わっていると感じるほどです。
お母さんの中には〇才の赤ちゃんを「ただ泣くだけの存在」と
とらえてしまって、どんな風に愛情をかけてあげたらいいか
わかっていない人も多いです。
また、自分は懸命に子育てしているつもりなのに、うまくいかなくて
苦しんでいるお母さんもたくさんいます。

そんなお母さんたちに、ぜひ読んでいただきたいと、
この本を書きました。読んでくださる方のなかには
「うちの子は○才のとき、こんなふうに育てられなかった」と、
落胆する人もいるかもしれません。
でも大丈夫や。人間はいつからでも挽回ができるんです。
そんなお話も、本の中でするつもりです。
心をやわらかく持って、子育てしていきましょう。
すべての赤ちゃんが、幸せに育つことを祈って。

坂本フジヱ

目次

序章

「おなかの中」こころの根っこが生まれる季節

これからこの本を通じて、〇才の赤ちゃんとの向き合い方がいかに大事かのお話をしていきます。

おなかに赤ちゃんを宿したら、そろそろそれを意識して欲しいから、妊娠期のお話からしていきます。母になるのは楽しい。でも同時に覚悟もして欲しいんや。

おなかの中にいる時から、実は赤ちゃんはお母さんのこと、なんでもお見通しや。耳が一番最初に聞こえるから、「胎教にいいようにいろいろ話しかけて」

とよく言いますが、実は音だけでなく、体全体を通してお母さんの意識というのは伝わってるんです。

いま、地球上に存在を許されている命は、元をたどると、みなひとつのバクテリアから枝分かれしてできたそうです。私たち人間も、木や花や虫や鳥や動物たちと同類なんやな。

地球上に生きている命はみんな、太古の時代から命のリレーを連綿とつなぎ、いまに生きています。私も、あなたも、そしてあなたのおなかにいる赤ちゃんも、そのリレーに連なる一員なんや。

野生の生き物たちは、誰に習わなくても、本能でお産をして、本能で育てることができます。私たち人間は、命を産むこと、命を育てることを、少し難しく考えすぎてるんと違うかな。

自然のすることには、ひとつの無駄もないんや。

お産や子育てを自然の営みの一部だととらえなおして、この時期はどうか自然体でいてください。

そしておなかの中には、すでにこころの根っこが生まれていることを意識して欲しいんです。

そうすることは、おなかの中の赤ちゃんの幸せにつながるのはもちろんのこと、あなた自身が、より豊かに楽しく人生を生きていくことに、つながっていくはずです。

自分の都合で産むタイミングを
コントロール？
そんなん赤ちゃんに失礼や。

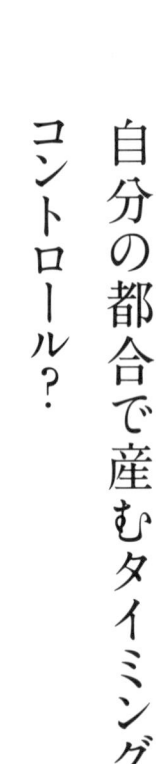

お付き合いしている彼氏がいるのに、なかなか結婚に踏み切れない人たちが多いでしょう。そういう人たちに私はいつも「はよう結婚して赤ちゃん産みなさい。それで、赤ちゃんが一才になるまで集中して子育てしたら、子どもを誰の手にでも預けて仕事に戻って、自分のキャリアを伸ばしてください」って言うんです。

これから先の日本は、女の人にもどんどん働いてもらわな、国が続かん。現代では、若いとき仕事を優先して、四十才近くなって子どもを望む女性も多いですが、助産師の立場から言わせてもらえば、それは赤ちゃんに対して失礼や。

三十五才を超えると母子ともにリスクが高くなるし、望んでも赤ちゃんに恵まれず、不妊治療が必要になることもあります。

私は、二十五才〜三十五才の間に、三人子どもを産んでくださいってお願いしているんです。「そんな仕事が充実している時期に、子どもを持つ決心はなかなかできません」って言われますが、そこが残念なんや。仕事で生き生きしている、光り輝く時期だからこそ、新しい命を産んで欲しい。そして、一年間濃密にかかわって、また社会に戻って欲しいんです。

それと、世間では眉をひそめられているできちゃった婚、私はおおいに結構やと思っています。計算、計算で計画的に妊娠した子より、自然に授かった子は、リスクが少ない。昔から「さずかりもんにリスクなし」っていってるくらいです。

序　章　「おなかの中」こころの根っこが生まれる季節

赤ちゃんを待ち望んでいるあなたへ。
あなたが赤ちゃんを欲しいと
切実に思う気持ちの根っこを、
じっくり掘り下げてみてほしい。

「赤ちゃんが欲しい」というのは、女性としてやむにやまれぬ気持ちなんだと思います。ただ、まずはあなたが赤ちゃんを欲しいと切実に思う気持ちの根っこを、じっくり掘り下げてみてほしい。理由はきっといろいろあるな。好きな人の子を育てたい。社会的な責任を果たしたい。中には、親戚に「まだかまだか」とせっつかれるから、という人もおるかもわからん。でも旦那さんの気持ちを置きざりにしてあせってせっついても、かえって逆効果や。

じっくり考えた結果、もし「自分の子も人の子も同じや」っておなかの底から思えるなら、親に恵まれない子どもを養子にもらいうけて育てる道もあるんです。そしてこの「自分の子も人の子も同じ」ということは、養子に限らず、実の子を育てるうえでも、同じように大切なこと。こういう気持ちを持てるようになったら、いろんな道が自然と拓けてくるんやないかな。

おなかの中にいる時から、
赤ちゃんはなんでもお見通しや。

受胎告知を受けた時点で、もう子育ては始まっています。

胎児期の二十週を過ぎると、もう耳がきこえるんや。

耳が聞こえるということは、家族の日々の生活がわかるということ。

家族が毎日楽しく穏やかに暮らしていると、おなかの赤ちゃんも楽しく過ごすことができます。

どうか、赤ちゃんが「こんな家に生まれたいな」と思うような、和やかな暮らしをしてくださいね。

妊娠中は、テレビも穏やかなものを見るとええな。

一日中つけっぱなしにせず、見たいものに重点を絞って見る習慣をつけると、出産後、赤ちゃんがテレビ漬けになるのを防げますよ。

出生前診断の普及で、
産む前から
不安を抱える人が増えたな。
「その子のありのままを受け入れる」
に限る。
そうすれば、心穏やかになる。

出生前診断は命の選別、まるで検品作業やな。命をはぐくみ、育てることの大切さが、最近見えにくくなっているんやないでしょうか。

「ダウン症の子は神様や」ってよく言われますが、わたしもそう思います。助産所でも、ダウン症の子が今までに二〜三人生まれましたが、ダウン症の子が生まれたのを機に、崩壊しかけた家庭が立ち直ったこともありました。リスクのある子が生まれても、「子どものありのままを受け入れる」というのは、同じなんです。

おっぱいの準備、妊娠前も妊娠中もできることはなんぼでもある

お産の後、お乳を飲ませようとしても、陥没乳頭のお母さんは苦労します。陥没のお乳は乳頭が中へ入っているから、飲ませにくいことに加えて、亀裂などのトラブルが多いんや。

生まれつきの陥没乳頭はありません。陥没乳頭は後天的なもので、ワイヤー入りのかっちりしたブラジャーをしている人に多いんです。昔はブラジャーをする習慣がありませんでしたから、陥没乳頭もなかったんです。ブラジャーの進化とともに、陥没乳頭も増えてきたんや。

これからお産するお母さんたちは、せめて妊娠十カ月になったら、ノーブラでいてくれたらええと思います。そうすると、服の生地で乳頭が擦れて、乳頭も鍛えられます。

お産は人にさせてもらうもんと違う。
自分でするもんともちょっと違う。
産み手に必要なんは覚悟。
あとは赤ちゃんと神さんに任せることや。

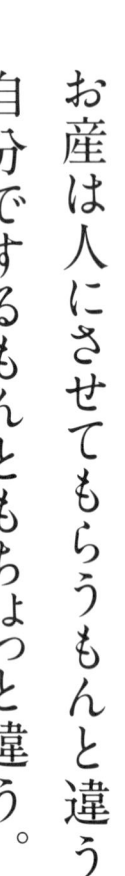

若い人の中には、「お医者さんが産ましてくれる」という言い方をする人がいますね。でも、どんなに医学が進歩し、技術が進歩しても、お産をするのはお母さんです。それを忘れないでください。「私がしっかり産んでやろう」とおなかくくって、赤ちゃんの「生まれますよ」という合図、陣痛を待ってください。

お産は神の領域や。

腕のいいお医者さんが何人いてもできないようなことを、自然の力でするのがお産なんです。命に対する敬虔《けいけん》な思いを持って、お産を乗り越えてほしいと思います。

人間は生き返り生き返りをくり返す。
先祖から受け継いだことの
総決算がお産。
深い感謝が
自然とわき上がってくるのがお産。

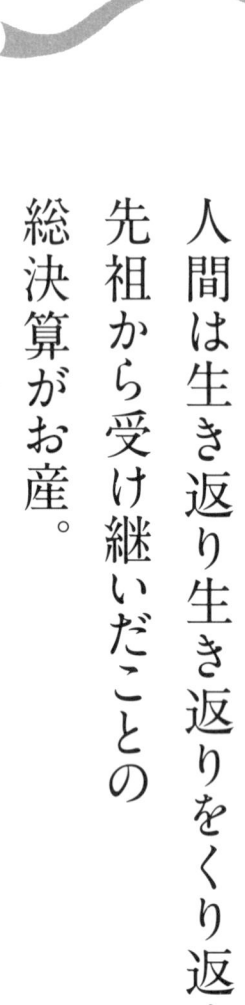

お産の仕組みは絶妙で、「ふつうに考えたら、こんなことあるやろか」と思うことが起こるんです。赤ちゃんが完熟して生まれるばかりの状態になると、肺胞の中にたまっていた水がどんどん減っていきます。それが、陣痛の収縮によって、絞り出されて行き、お母さんの最後のいきみで、全部なくなるんです。

水が全部ぐーっと出切ったところで、空気のあるところに出ます。そこで「オギャー」と泣いたら、四千五百万個ある肺胞に、いっぺんに空気が入るんや。そんな仕事、人間技ではないでしょう。お医者さんが何十人横にいても、できんですよ。

そのころ、お母さんの子宮の中でも、神技が起こっています。赤ちゃんが生まれるのと同時に、役目を終えた胎盤がはがれ落ちます。そのとき子宮が収縮して、胎盤と子宮とをつないでいた血管からの出血を止めるのです。

赤ちゃんが息をしなければ死んでしまいます。胎盤がはがれ落ちたときに子宮が収縮しなければ、お母さんが大出血してしまいます。でも「あれはうまいことといくやろか」「ここはうまいことといくやろか」とひとつひとつ気に病んでいたら、お産なんてできません。私はいつも、なんかしらん、自然に「完璧にできるんや」という思いを持って、仕事にたずさわっています。

けれど、それはほったらかしにしているという意味ではありません。もう、頭の中はフル回転して「こうなったらこうなる」「ああなったらああなる」と、正しいお産の道順をちゃんと踏み行っているか、把握しているんです。

お産も、ひとの生きざまも、深いな。言葉では表現できんほど、深いものがあります。私は、何十年やっていても、お産の本質はわからん。なぜなら、お産は、目の前にいるお母さんと赤ちゃんだけのものではなく、その親の代、そのまた上の親の代というように、ずっと続いてきたことの総決算のように思えるからです。先祖代々からずっと続いてきたことの総決算が、お産に反映されるんや。

そういう風に考えたら、親に孝行せなあかんな。先祖は大切にせんならんな。無事に生まれたこと、産んだことを、ご先祖様に感謝せなあかん。上っ面でなく、深い感謝が自然に湧き上がってくるのが、お産だと思います。お産によって、人間は生き返り、生き返りしている。輪廻ですね。

人類の種が芽生えてから
今までが四十億年。
赤ちゃんの種が熟して
この世に出てくるまでが四十週。
これ、偶然とは思わん。
遺伝子のらせんと自然は、
つながってるんや。

遺伝子がらせん状につながっているのと、自然というのは、同じだと私は感じています。大昔に地球が始まって、人類の種が点としてできたのは、四十億年前や。もっと大きな視点になると、そこから、ずーっとくり返されてきた集大成が、ひとりひとりのお産なんや。

命がけで産むお母さん。命がけで出てくる赤ちゃん。私はその大切な赤ちゃんをこの手に受け止めて「ああ、元気で出てきてくれて、ありがたいなぁ」と、毎回、お産の現場で感じています。これはね、仕事冥利に尽きることやと思っています。

第1章

「〇才」こころの根っこを育む季節

○才児のことを覚えている人はいないでしょう。○才児は夢の中。無意識の時代を生きてるんや。

無意識の中に楽しい夢を巻きつけてやるか、悪夢のような夢を巻きつけたかで、その人間の心の根っこ、根性が決まります。

この子が一生、幸せになるかどうかの性格の決めどきが、○才児の一年間なんです。

だからこの一年間は、ほんとに子どもの幸せを願って子育てして欲しい。

お母さんが、子どもの根っこを作るんです。お母さんしかいないんです。

親が自分にこころから向き合ってくれない。親同士の仲が悪い。赤ちゃんにとって不本意なことがあると、潜在意識の中に、強烈なインパクトとして残るんや。

大人になっても人との距離をうまくとれない人っているな。うまく懐に入れない人。逆に近すぎる人。思春期に性の衝動が抑えられない人。好きな相手を大切にできない人……。それもこれも、〇才のときの母親との関わりと大きく関係してる。私は多くの赤ちゃんを見てきた経験から、そう確信しています。

おむつ替えてお乳飲ます
おむつ替えてお乳飲ます

この単調な作業に、慈愛を込めてすること。無茶苦茶な愛情を込めること。

これができたら、この世の中の浄化は半分できる、そう思っています。

人を信じる力、人を許す力、人を認める力、これはすべて〇才の時に養えるんです。そうやってこの一年の間に、お母さん側も、母親になる訓練をしていくんや。子育ては親育てなんや。自然とは、ようできたもんやな。

その一　産後すぐ

人への信頼の根っこをつくる一年。
ここでめいいっぱい甘やかした子ほど
自立が早い。
にこやかに人生歩いていける。

赤ちゃんは、自分が泣いて訴えたらいつでも応えてくれるという安心から、お母さんとの大元の信頼関係が強固に築かれていくんです。これが赤ちゃんの人に対する信頼の根っこです。一生にわたる人間関係の元となるんです。もしお母さんとの信頼関係が構築されないまま育つと、その子は人を信用することができません。逆に、この一年間、心を込めて濃密に養うことで、あとは放っておいてもよい子に育ってくれます。「赤ちゃんなんて、どうせ何もわかっていないから」などと言わずに、どうかやさしい言葉をかけながら、お世話してあげてください。「こんなに甘やかしたら、世間で通用しないのでは?」などと、心配することはありません。〇才のとき甘やかした赤ちゃんは、自立が早いです。歩き出しだしたら、ほんとうに手のかからない子になる。社会の中で、にこやかに人と関わっていける子になるんです。

降るほどの愛情を注ぐと、
人としてあるべき生き方が
赤ちゃんにわかる。
大切にされて気持ちがいいと思ったら、
今度は人にもそうする子になる。

動物は、生まれたらすぐに立つ。それが本来の姿です。ですから、自分で立って歩くことができない人間の赤ちゃんは、生理的な超早産です。人間の赤ちゃんは、全部、他者に依存して生きるしかないように生まれついているんです。それは別の言葉でいえば「自分の好き勝手な行動は許されない」ということや。

お世話をしてもらっていることから、守るべきルールが身についてきます。生活リズムという点でもそうですし、困ったときは助けてもらえる、やさしい声をかけながらお世話をしてもらえる。何もできないうちに、降るほどの愛情を注いでもらえることで、人間としてあるべき生き方がわかってくるんです。赤ちゃんは、大切にされて気持ちがいいと思ったら、自分も人に対してそういう風に接することができる。その勉強をしているんです。

ところがお母さんの側では、かわいい赤ちゃんが生まれて、幸せな生活を送れるとばかり思っていたのに、退院して家に戻ってみたら、赤ちゃんに振り回されているようでただつらい。自分がいちばん不幸で、大変な思いをしている。そんなふうに感じているお母さんが多いのが現状です。赤ちゃんのことを理解せず、ただ漫然と赤ちゃんと生活しているだけだから、そう感じるんや。「子育てがつらい」という自分の気持ちにばかり集中するから、どんどんつらくなる。本気で赤ちゃんの身になって考えたら、もう少し子育てが楽になりますよ。

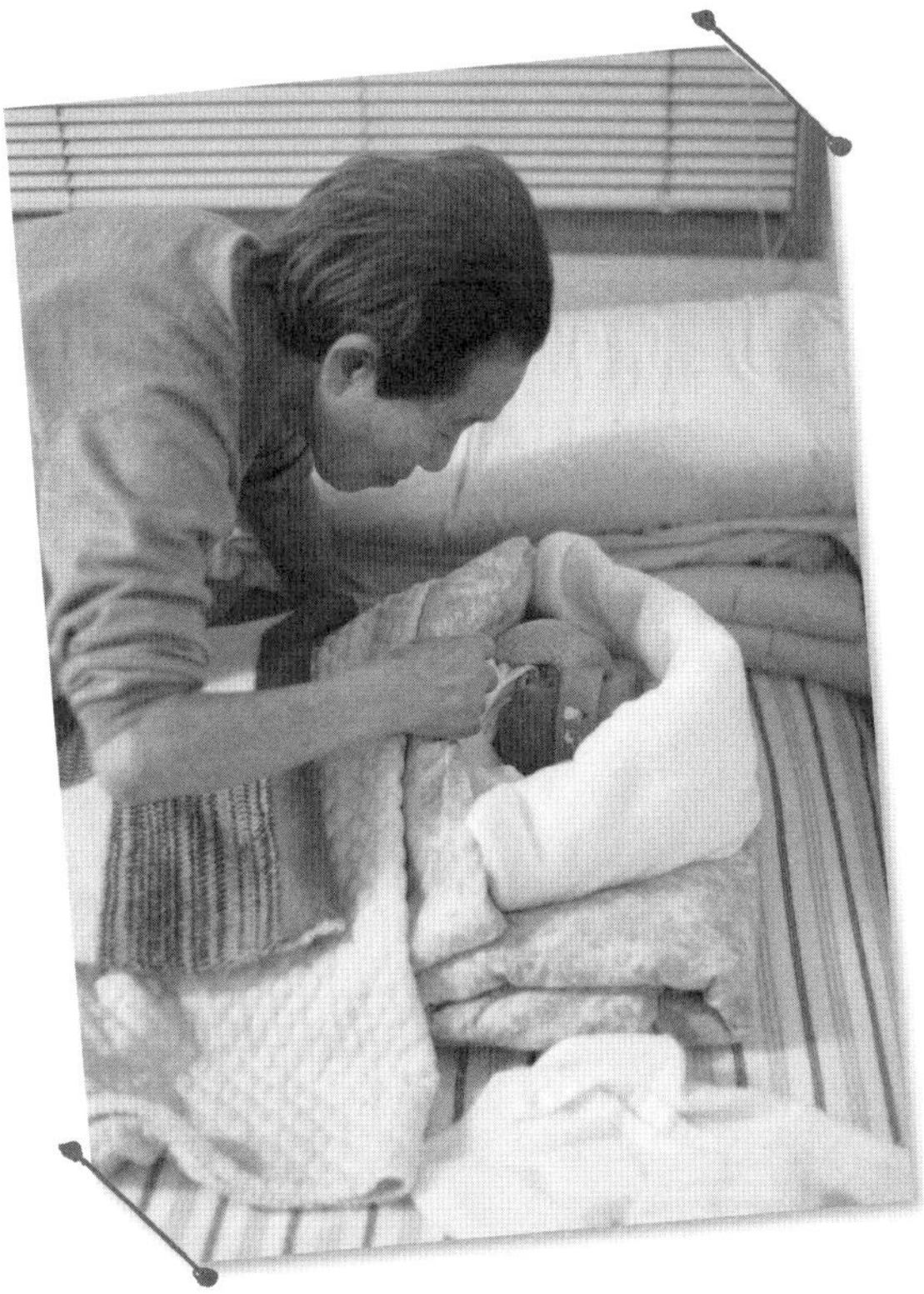

声がけは大事。
でも損得勘定を含んだ
しつこい声がけは、呪いになる。
逆に声は出てなくても、
無償の愛なら心の声はきっと届く。

〇才児の赤ちゃんは神様や。私はいつも思っています。赤ちゃんは、「こうしてやろう」という意思を持って生きているわけでもなく、「こうなったらこう、ああなったらああ」という、損得勘定もありません。ただただ、そのとき、そのときのありようを受け入れて生きているんです。これは、神の領域の生きざまなんです。

相手が神様なんやから、こちらも神の領域の愛情、「慈愛」をもって接してほしいと思います。お母さんの中には「神仏の領域で接するなんてできません。だって、私は神仏じゃないんだから」という人も少なくないでしょう。そういうお母さんは、「赤ちゃんが泣き止んだらこれをしよう」とか、赤ちゃん以外のことで頭がいっぱいなのではないでしょうか。

けれど、赤ちゃん自身が神仏の領域を生きているんだとおなかの底から理解できれば、お母さんも神仏の愛情を注げるんではないでしょうか。

お世話をするときは、赤ちゃんに気持ちを集中して、やさしく言葉をかけながらしてください。声に出さなくても、心で念じてもいいんです。相手は神さんですから、ちゃんと通じます。「言葉をかければいいんでしょ」と、声だけしつこくかけているお母さんもいますが、心がこもっていないんです。だから、言葉をかけるというより、思いをかける、念をかけるという方がわかりやすいかもしれませんね。

「お乳を飲んで、気持ちよう大きくなってよ」

「しっかり育ってよ」

雑念のない思いを、いつもかけるんです。赤ちゃんから心を見透かされていると思って、接してほしいです。「あなたから、目は離れていても、心は離れていないよ」というメッセージをいつも送り続けるんです。子育ての本質は、つねにつねに祈りなんです。

でもな、思いというのは、やっかいなところもある。複雑な思いをかけると、呪いみたいになってしまうんや。赤ちゃんに思いをかけるときは、損得勘定や好き嫌いの感情のない思いに限ります。

「大きくなってよ」

「人様に迷惑をかけず、ちょっとでも人様のお世話のできる人間に育ってくださいよ」

お金もうけしてほしいとか、えらいさんになってほしいとか、そんなことを一切抜きにした、本当に純粋な気持ち、普遍的な思いであれば、呪いにはなりませんよ。

赤ちゃんが言うことききかない時は、
お母さんに雑念があるって、
見透してる時や。
無になるのなんか無理やって？
まずは真似から入るの。
そしたら癖がついてきて、
だんだんできるようになります。

「寝ている赤ちゃんは神仏に思えるけれど、泣いてどうしようもない赤ちゃんは、とても神仏には思えない」というお母さんもいますね。

それは、赤ちゃんとお母さんの心が、行き違ってるの。

子どもが「こうしてほしい」と思っているのに、お母さんは「泣き止んだら、これができる、あれができる」と、赤ちゃん以外の枝葉末節《しようまっせつ》のことで頭がいっぱいなんやないですか。

赤ちゃんが泣いているときは、自分が無になって、「赤ちゃんあんた、なんで泣いてるの。あんたが泣いたら、お母さんがつらいよ」って、赤ちゃんに気持ちを集中して、徹底的に言ったら、わかってくれます。

神仏の領域に生きている赤ちゃんに対しては、こちらが雑念を捨てることで、気持ちが直に入るんや。いろいろ余計なことを考えると、直に入らないんや。子どもには、こころを見透かされていると思って、接してほしい。

赤ちゃんは本能で生きてるから、自分も本能で生きたら、子どものことがわかる。そうしたら、世話ないんや。自分がいろいろと余計なことを考えるから、赤ちゃんがイライラするんや。

いま、私がお話ししていることを「無理や」と思う人もたくさんいるでしょう。でも、まずは真似だけでもしてみてください。それを続けていたら、いい癖がついてきて、だんだんこころからできるようになります。

小さい時にギャーギャー泣いた子ほど、
あとは世話ない。
おとなしい子ほど、思春期になってから
びっくりするほど
親を困らせたりするんや。

泣いている赤ちゃんを放っておいたら、泣き止んでしまうことがあります。「あきらめてくれた」とほっとしているお母さんがいますが、これはとんでもないこと。子どもがひとりで泣き止むのは、親に対して信頼感がなくなったということや。二、三回泣いて、それでも来てくれなかったら、おとなしい子は泣かないようになります。そんな子は、思春期になってから、親をびっくりさせるようなことをして、困らせます。

よく泣く子、泣き止まなくて親を困らせる子のことを、このへんの方言で「しにくい子」っていうんです。しにくい子を持ったお母さんは、小さいときは大変や。でも、私の経験からいうと、小さいときにギャーギャー泣いた子ほど、あとは世話ないです。常に自分をアピールして親を求めているから、親の方も仕方なしにでも抱っこするでしょう。そのくり返しで、親子関係が強固になるんです。

逆に、おとなしくして、手のかからなかった子は、親との関係が希薄です。実は、赤ちゃんのときにおとなしかった子ほど、心配なんです。おとなしい子ほど、かかわらなあかんのです。

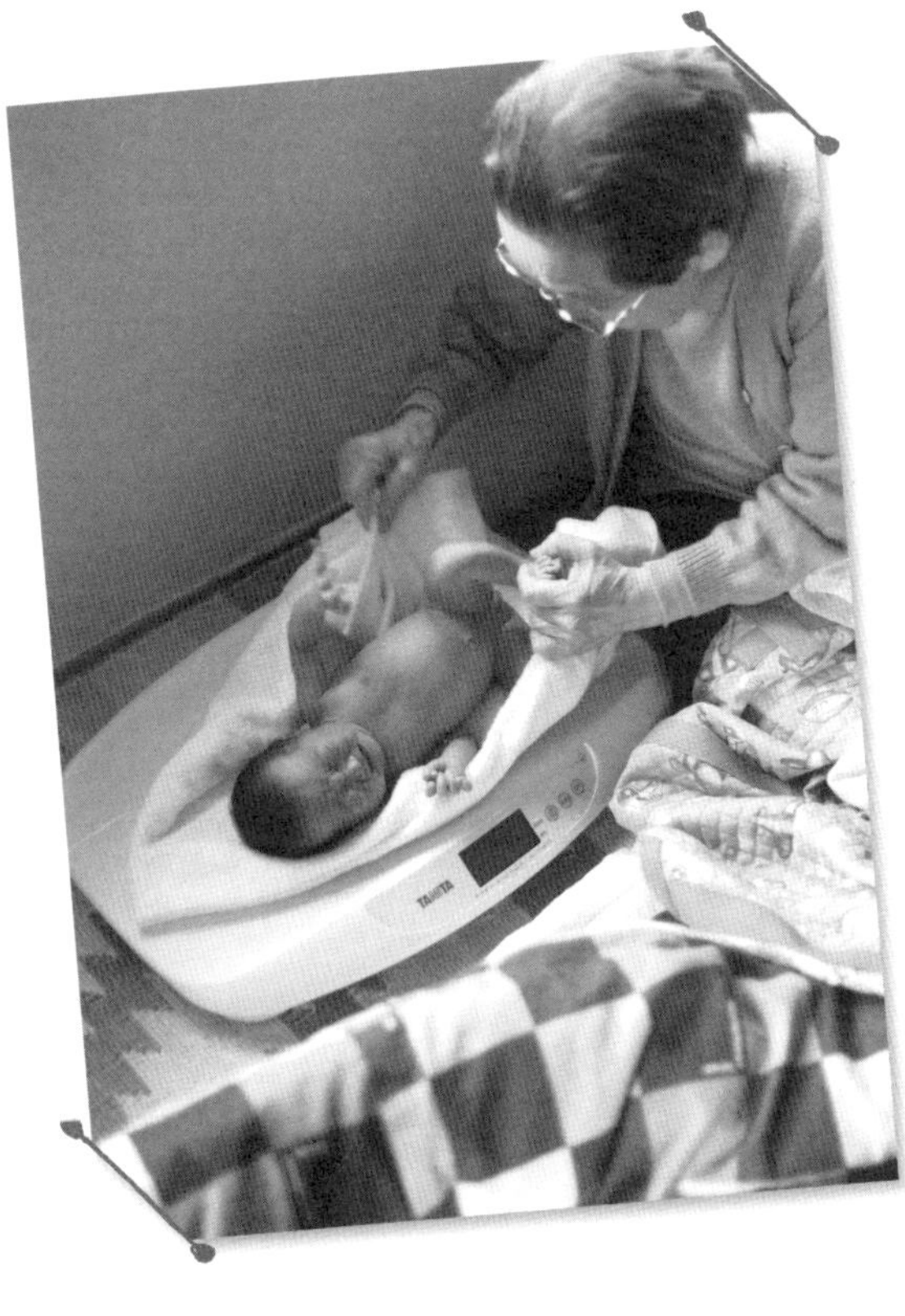
TANITA

頭で子育てしない。
複雑に考えすぎないで、シンプルに。
こころで子育てして欲しい。

七十年間お母さんと赤ちゃんに寄り添って来て思うのは、若いお母さんは本能で赤ちゃんをかわいがれるな、ということです。周囲の大人は「若すぎて、何もできないだろう」と心配するんですが、頭で考えない分、赤ちゃんの気持ちをストレートに受け止められるんや。

逆に、知識が豊富なお母さんは、どうしても頭で考えてしまうから、赤ちゃんと距離ができてしまいます。そういうお母さんも、赤ちゃんをかわいいと感じているし、一生懸命子育てしているのですが、考えすぎて、独りよがりになるから、赤ちゃんの想いとかみ合わないんです。そういうお母さんにお願いしたいのは、「自分が理想とする子育て」は横に置いて、赤ちゃんの様子や個性をよくよく見て、「赤ちゃんが望む子育て」をしてあげてほしいということです。

頭で考えて子育てしようとすると、赤ちゃんを自分の理想に合わせようとするから、赤ちゃんがものすごくいらいらするんや。

それよりも、赤ちゃんが泣いたら、すぐに応えてあげること。シンプルで愛情深い子育てをして欲しいと願っています。

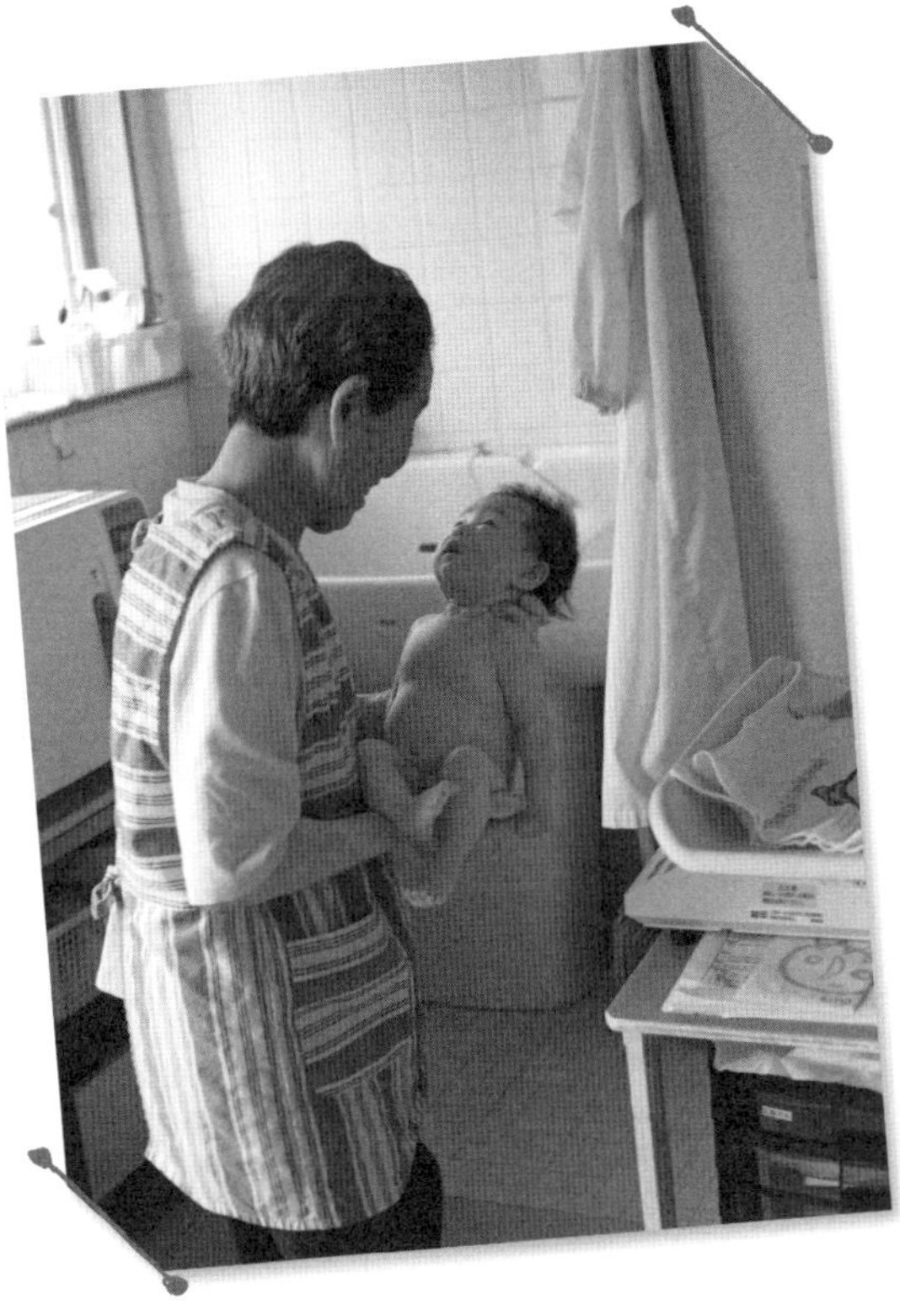

その二　お乳のこと

産後はできるだけ早くから
おっぱいを吸わせてやってな。
出なくても吸わせる。
張ってくる前なら赤ちゃんが
自分の口に合わせて
乳頭を形づくることができるから、
具合がええんや。

生まれてから三日間は、新生児鋭敏期または覚醒期と言われ、お母さんに抱かれることがもっとも大切になる時期だといわれています。そのため理想としては、できる限り母子同室にして、お母さんのそばに寝かせてあげることが望ましいです。私の助産所では、赤ちゃんがぐっすり寝ているときには預かりますが、目を覚ましたら、お母さんのもとに連れていきます。

生後二～三日まで母乳は出ませんが、産後できるだけ早くから、赤ちゃんにしっかり吸ってもらうことが大事です。赤ちゃんが嫌がらないなら、だいたい、片方で十五分、両方で三十分吸ってもらいます。

どうして出ないお乳を吸ってもらうことが大切かというと、お乳がふにゃふにゃのうちなら、赤ちゃんが自分のお口に合わせて乳頭を形成することができるからなんです。お乳がバンと張ってきてから、いきなり赤ちゃんの小さいお口で乳頭を吸うのは大変です。固いお椀のいとじりに吸い付いているようなものですから。

「お乳が出ないのに、吸わせてかわいそう」というお母さんもいますが、そんな心配はいりません。よくよく吸ってもらった後で、ちゃんとおなかを満たしてあげればいいんです。

お乳は、血液でできています。だからお母さんが生きていて、血がめぐっている限り、お乳は出るんです。「お乳、出るやろか」と疑心暗鬼にならず、「お乳は出るもんなんや」と自信を持ってください。

お乳のことで頭でっかちになっている人もいますが、早々に吸わせると、案外うまくいくものです。

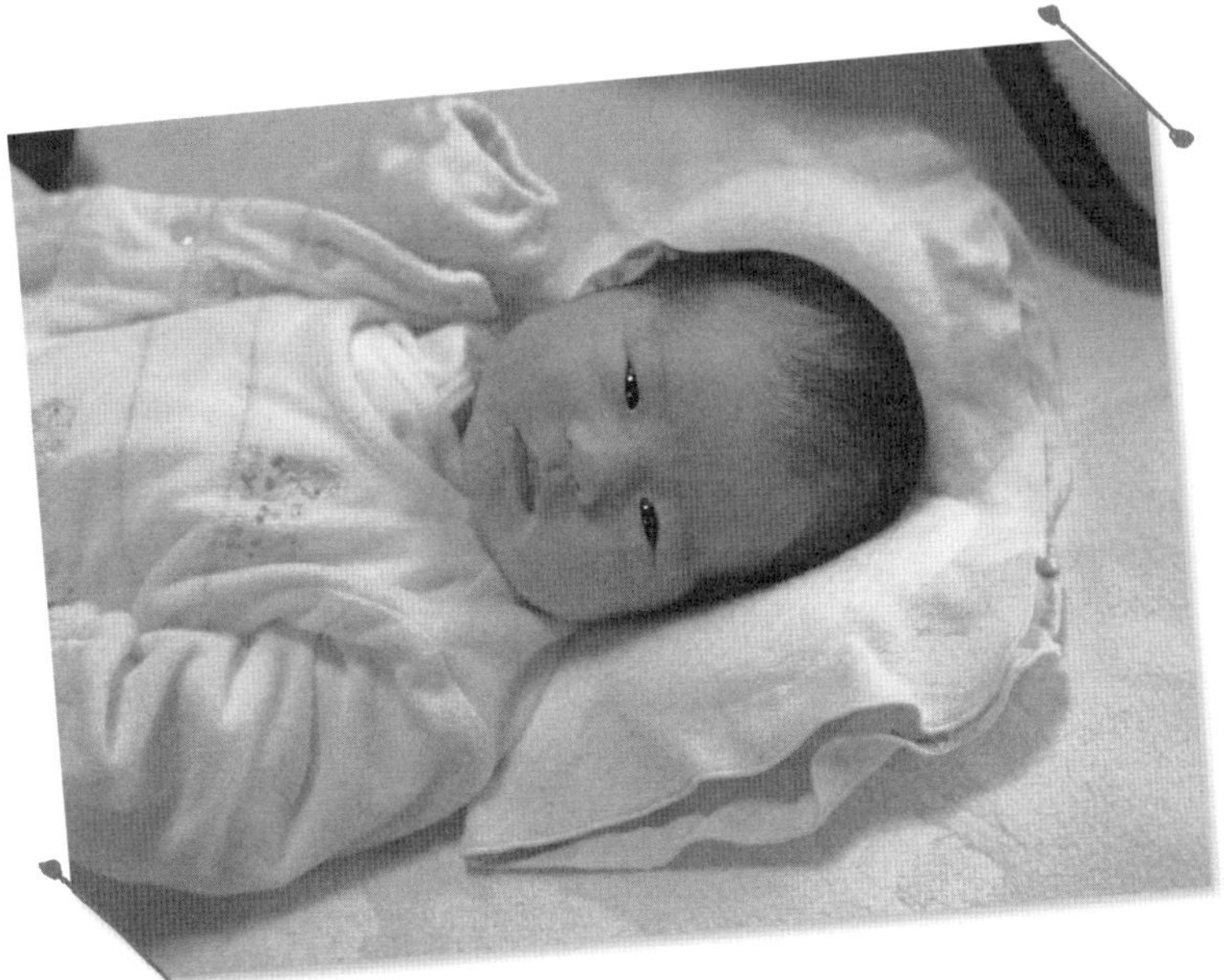

お乳のことで頭でっかちに
なっている人もおるけど、
頭で考えずに、赤ちゃんと
向き合い様子を察してたら、
そのうち感覚がつかめてきます。

お乳は、「何時間おき」などと考えることなく、最初は赤ちゃんが泣くたびに飲ませますが、次第に間隔があき、リズムができてくると思います。一ヵ月で二～三時間くらい開くかな。お乳を飲ませるたびに体重を計っているお母さんがいますが、数字より赤ちゃんの様子を見てほしいです。

吸ったあと、まだおめめをパチパチして、満ち足りない様子のときは、お乳が足りていない可能性があります。両方のお乳を飲んで、満ち足りて満足したような顔（私は神さんみたいな顔やと思います）をして、次のお乳まで一～三時間ほどねんねするようでしたら、お乳が足りていると思います。

お乳は、できれば一才まで、それまで踏ん張れなければ、半年は飲ませてくださいと、いつもお願いしています。産んですぐ仕事に戻らなければならないお母さんは、昼間はミルクにして、夜だけお乳でもいいんですよ。

母乳以外は与えない。
この考えは上等やけど、
足りないのに他を与えないのは
ちょっと考えものや。
満足は感謝の気持ちを育てます。
お乳もまずは「満足感を与える」ことを
第一に考えて欲しい。

私の助産所では、お乳を吸ってもらった後、赤ちゃんにおなかを満たしてもらうために、砂糖水、薄めに作ったミルクを飲んでもらっています。ミルクの既定の量はスリキリ1さじ（2.6g）できあがり20㎖です。

なぜ、最初は既定の量より薄く調整するかというと、まだ脆弱《ぜいじゃく》な赤ちゃんの腎臓に、負担をかけないためです。また、味覚の面からいっても、初めから濃いミルクを飲ませてしまうと、お母さんのお乳をおいしく飲めなくなってしまうでしょう。

母乳を積極的に推進する方々の中には、「赤ちゃんには母乳以外の飲み物は一切与えない」という主義の人もいます。私は、それでは赤ちゃんが「満足した」という感じを味わえないと思うんや。満足感は、親への感謝の気持ちを育てます。親孝行な子どもに育てたかったら、満足させてあげる以外にないんです。

お産当日　……　砂糖水３ｇに白湯100㎖（沸騰した湯を冷ましたもの）

一日目　………　薄いミルク（スリキリ1さじに対してお湯50㎖）

二日目　………　薄いミルク（スリキリ1さじに対してお湯40㎖）

三日目から一ヵ月まで　…　薄いミルク（スリキリ1さじに対してお湯30㎖）

与え方

＊３％の糖水は、おしっこや便を排泄してもらうため、何回かに分けて計100㎖を与える。母乳が早くから出る場合は糖水のみの場合もある。最近は、薄いミルクで満足しない子もいるので、赤ちゃんの様子を見て、二日目から三日目の濃度にすることもある。温度も、赤ちゃんによって好みがある。

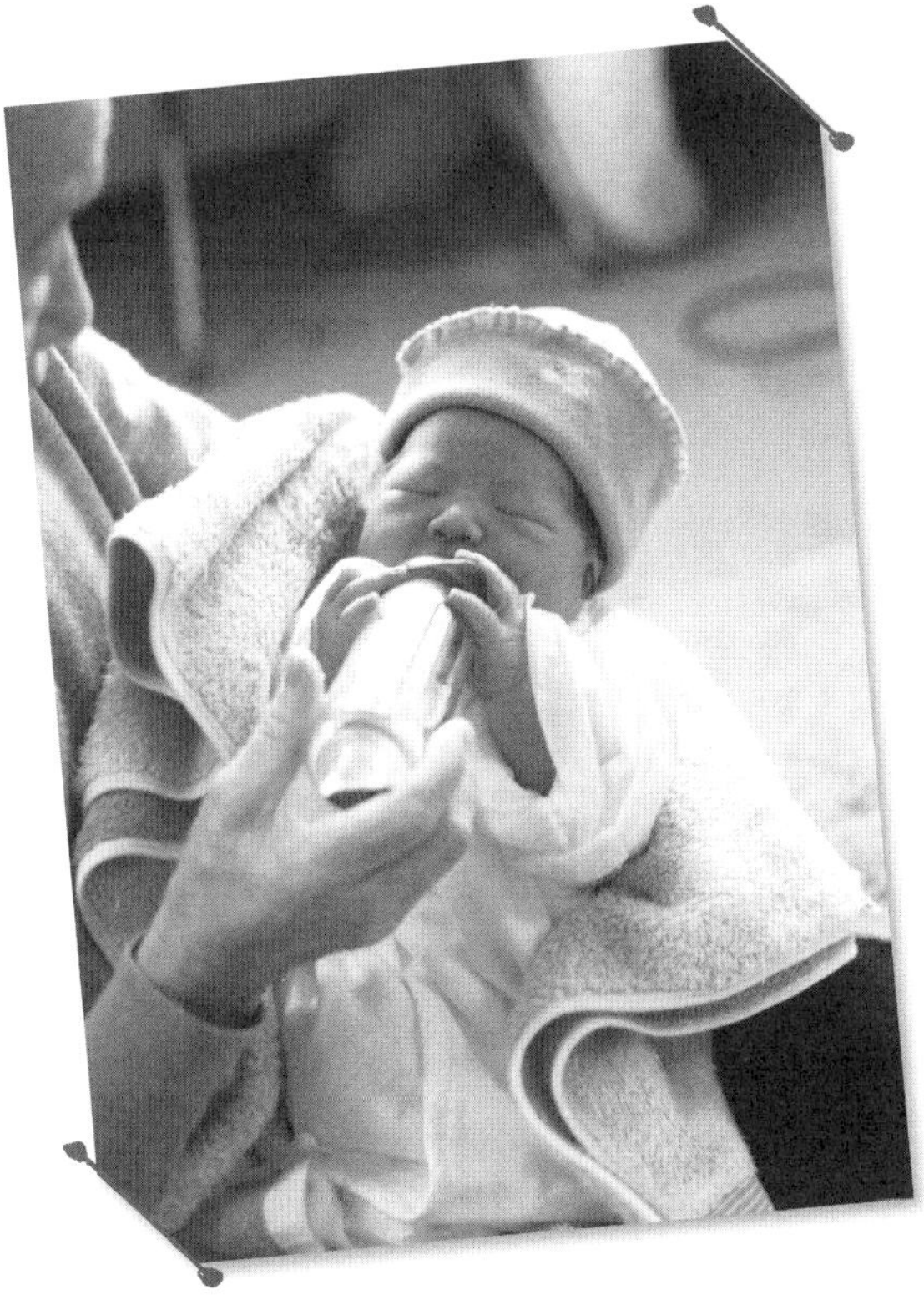

乳頭にも個性があるな。
まずは自分の乳頭の個性を
理解してから創意工夫や。
工夫次第でなんぼでも使いもんになる。

お母さんによって乳頭もいろいろで、外向きの人から内向きの人から、個性があります。赤ちゃんに吸ってもらうときは、必ず舌の真ん中に乳頭が直角に乗るようにしてください。また、陥没乳頭の場合は、乳輪をぐっと押して、乳首を出してから、吸わせてください。お乳を飲ませ始めると、乳頭の先が傷ついてくることがありますので、助産所では予防的に馬油軟膏をつけてもらいます。乳頭は、傷つきやすい人と、そうでない人があります。傷のひどい人は、馬油軟膏の上からアロエの汁を塗り、ラップで保護しておくと、大抵早くよくなります。軟膏やアロエの汁などで手当てした場合は、お乳を飲ませる前にティッシュでふき、最初のお乳を少し絞って捨ててから、赤ちゃんのお口に含ませること。お乳以外の苦い味がすると、赤ちゃんが嫌がります。

母乳が出にくいこともある。
母乳をあげられない環境に
あることもある。
それはそれでしゃあないな。
でも、まずはそのときそのときに
ふさわしい刺激でひと工夫や。

お乳が出ないうちから赤ちゃんにしっかり吸ってもらっていると、プロラクチンというお乳を出すホルモンが活発になり、二〜三日でお乳が出るようになります。助産所で出産したお母さんたちは、だいたい二週間でお乳だけでやっていけるようになります。二カ月の時点では、ほぼ全員のお母さんが母乳だけになります。

以前は、お乳を出す助けをするために、プラセンタのサプリメントを飲んでもらっていたこともありますが、いまではほとんど使わなくなりました。それは、早くから完璧に吸ってもらうようになったからだと思います。

お乳のこともそうですが、子育てに関することは、そのときそのときにふさわしい刺激をすることが必要。チャンスを逃してはダメなんです。

帝王切開だったり、赤ちゃんの状態がよくなかったりして、お産の直後にお乳を吸わせないまま退院すると、母乳にすることが難しい場合があります。でも、その時期を取り戻すために一生懸命吸わせることで、母乳にすることができることもありますから、できるだけ早く、お近くの助産所で相談してみてください。

おっぱいをあげる時もこころをこめて。
テレビやメール、
こころここにあらずであげてると、
「お母さんは自分より
大事なものが他にある」と感じ、
赤ちゃんの自尊感情が
育たなくなりますよ。

お乳のことでもうひとつ大事なのは、赤ちゃんがお乳を飲んでいる間、テレビを見たりメールなどをしないこと。赤ちゃんは、お乳を飲みながら、ときどき飲むのをやめて、お母さんを見つめるのです。そのとき、お母さんの目がテレビやメールに向いていると、お母さんを信頼しなくなります。二回三回とくり返すと、お母さんは自分よりも大事なものがあるんだという思いが強くなって、自己肯定感が育たなくなってしまうんです。

お母さんとの大元の信頼関係を築き、赤ちゃんの自尊感情を醸成するには、「自分はお母さんにとって大切な宝物なんだ」ということこころの根が育つことが大事なんです。

お乳を飲む間、赤ちゃんを見つめて「しっかり飲んでよ、大きくなってね」と、こころで念じてください。必ずいい子が育ちます。

お乳をしっかり吸うのは
セックスの練習。
満足していれば暴走しない。
○才の満足感が、
思春期を左右するんです。

赤ちゃんにとって、お乳をしっかり吸うということは、セックスの練習をしているという意味があると、私は思っています。

男の子は、思春期を迎えると、「人を殺してでもセックスしたい」と思うほど、衝動的にセックスがしたくなる時期があります。

でもお母さんのお乳をしっかり吸って、満ち足りた赤ちゃんは、十四～五年先にやってくる思春期になったとき、性衝動があっても、暴走しない。自制する力がついていますから。

お乳には、赤ちゃんの体を育てる栄養だけでなく、こころを育てる栄養も入っているんや。

その三　退院してから

自分本位でなく
赤ちゃん本位の一年を。
そうやって育った子は自立が早いで。

「こんなふうに育てたい」と強く思っているお母さんは、赤ちゃんを自分の理想に当てはめようとしてしまうんや。

自分では正しいことをして頑張っているつもりでも、赤ちゃんにとって、過酷な状況を作っていることが多い。とくに、何事もきちっときちっとしているタイプのお母さんは要注意です。自分に赤ちゃんを合わせるのではなく赤ちゃんに寄り添う生活を送ってください。

きちんとしている人は、人にも厳しくなりがちなんや。肩の力抜いて、家の中は少々手抜きでも、赤ちゃんが泣いたときだけは、何はさておき駆けつけてあげてな。とにかく一年間。最初は大変に思うかもしれませんが、赤ちゃんがお母さんを信頼してからは、ぐっと楽になります。そうやって育てた子は自立が早いですから、一才から先は世話ない。楽に子育てできますよ。

○才児の子育ては母が主役。
「嫁に任せておけん」と
姑がしゃしゃり出たらあかん。
赤ちゃんの意思を無視したことは、
思春期以降に
大きく響いてくるんやで。

〇才児の一年間の子育ては、必ずお母さんが主役になってすること。お母さんが疲れていて、助けてほしいと言っているときは、もちろん助けていいんやで。でも、そうでないときに、おばあちゃんが割って入るのは絶対にダメです。

四十五年前に私が取り上げた男性が、二年前に残忍な事件を起こしてしまいました。結婚して子どもも二人いるのに、明け方、七十二才の実母を八カ所も包丁で刺し、死に至らしめたんです。田舎の出来事でしたから、みんな強い衝撃を受け、「ふだんは大人しい人やったのに」と、口々に言い合いました。

その男性が赤ちゃんのとき、同居していたワンマンなおばあちゃんが、「うちの大事な跡継ぎやから」と赤ちゃんを独り占めして、お乳のとき以外、お母さんから赤ちゃんを取り上げて、溺愛して育てたという経緯がありました。

その男性が「お母さんに抱かれたかった。どうしてお母さんは、おばあちゃんから自分を取り返してくれなかったんやろう」という強い思いを、四十三年間ずっと心の奥底に持ち続けていたんだろうと思うと、私はいたたまれないです。その気持ちがある日突然表面化して、行動に移したんやと思います。

そのおばあちゃんはもう亡くなっているし、男性も自分自身の家庭を持っているんやで。それでもその思いから逃れることができなかったんやな。〇才児のときの一年間は、母と子の生活を堪能すべきなんやと、改めて強く思い知らされた事件でした。

その子が生まれたとき、産後一年間は、お母さんと赤ちゃんとの間に割り込んではダメだと、おばあちゃんにもっと強調しておいたら……と、私は自分の未熟さを悔やんでいます。

同時に、女性もおとなしいだけではあかん。自分の持ち分はきっちり守る賢さ、間違ったことには立ち向かう強さも必要やと思っています。

○才の時に芽生えた負の感情は、
自分ではどうすることもできず
深い傷となって残るんや。
「自尊感情を養う」
この時期、赤ちゃんのために
母がやってあげることは
この一点だけや。

〇才のときは、夢の中の生活なんです。夢の中の生活しているとき、自分に対して、なんか理不尽な養いがあると、大人にとってはちっぽけなことでも、赤ちゃんにとってはこと重大なんや。両親が夫婦喧嘩して別れたとか、お母さんの愛情を受けなかったとか、自分ではどうすることもできない大きな出来事があると、無意識の中に深い傷となって残るのです。

意識のあるときなら、「叩かれたから叩き返す」というように、わかりやすい怒りで済むことが、夢の中で傷ついたことが原因で起こってくる負の感情は、自分ではどうすることもできん。だから、普通の人が考えると「どうして？」と信じられないような事件が起きるんや。

いま問題になっているストーカーも、普通の人が考えたら「相手が嫌いと言っているのに、どうしていつまでもつきまとうんだろう」と思うでしょう。これは、彼女にお母さんを求めているんやな。猟奇的な連続殺人も、根っこは同じだと思います。年々増え続けるわけのわからん犯罪の原因は、私から見ると○才児のときの過酷な養いが原因になっているとしか思えないんです。

お母さんとの間に大元の信頼関係があり、「自分はかけがえのない存在なんだ」とおなかの底から納得している自尊感情があれば、起こしえない犯罪ばかりだからです。

○才のときの養い方が悪いと、すべての人が犯罪者になるというわけではありません。けれど、○才児のときに自尊感情を育てることができなかった人が親になり、その子どもも親になり……と、赤ちゃんにとっての不本意な養いがくり返されてきたことで、昔なら考えられなかったような複雑怪奇な犯罪が、どんどん増えている気がしてなりません。

逆に、〇才児のときにしっかり養ってもらい、自尊感情の育った子どもであれば、将来いじめられたり、挫折するような出来事に出会っても、大きく道を踏み外すことなく、自分の力で乗り越えていくことができると思うのです。

自分を大切にできる人は、人をも大切にできます。そんな子どもが多くなれば、楽しい青春時代が送れ、いじめも減ります。その子たちが好きな人を思いやり、いい成人、いい親へと成長してくれたら、世の中が浄化されることでしょう。

すべての赤ちゃんが、そんな大人に育ってくれたら、こんなにうれしいことはありません。私は、そんな赤ちゃんがひとりでも多くこの世に誕生するようにと念じながら、九十一才の現在も、助産師を続けているのです。

○才の間はとにかく
無になり子育てを。
それができれば子育ては
半分終わったようなもんや。
一才からは周囲の助けをかりて、
楽チン子育てするんやで。

赤ちゃんが泣くということは、必ず何かの理由があるんです。うれしいて泣いてる子はひとりもおらん。泣いて訴える何かがあるんや。この頃のお母さんは、テレビやメールに熱中して、赤ちゃんの細やかな思いや感じ方をわかろうとしていない人が多いです。自分を無にする覚悟で、赤ちゃんに向き合ってみてください。

私が言っていることは、現代社会に生きるお母さんたちには、大変なことだろうと思います。赤ちゃんを抱っこするのは自分の子が初めてというお母さんには、赤ちゃんの思いを感じ取るのが難しいのもわかります。でも、どうか一年間だけは、責任もって育ててほしい。

〇才児の一年間は夢の中。夢の中だから、怖い体験をしても、自分ではどうすることもできないんや。だから、どうか、いい夢を体験させてほしい。〇才児の経験は、潜在意識がすべてキャッチしているんです。怖い思い、さみしい思い、痛い思い、そんな思いをできるだけしないようにお母さんが守ってあげてほしい。そして、お父さんは、そのお母さんが安心して子育てができるように守ってあげてほしいんや。

○才児の一年間をしっかり養えば、赤ちゃんは「私は、両親から大切にされた、かけがえのない命なんや」と自覚できる。そうしたらもう子育ての半分以上は済んだも同然です。そっから先は、周囲の人たちの力を借りて、楽チン育児してもらって結構や。いつまでも「私一人で見る」なんてこと、考えなくていいです。

「抱っこ」も「おっぱい」と一緒。
○才の時に抱いて抱いて
抱きしめられた子は、
自立が早いな。
歩くようになると、
自分からお母さんの手を振り払って
遊ぶようになる。

「抱き癖」という言葉には、「負け」のイメージがあるな。これは大人の都合でできた言葉だから、気にすることはありません。むしろ、抱き癖をつけないようにと育てると、子育ては失敗するんや。

生まれてから一年間は、抱いて抱いて抱きしめて、徹底して抱っこしていいんです。〇才のときに思い切り抱いてやった子は、ある程度歩くようになると、ぱっとお母さんの手を振り払って遊びますよ。歩き出してからも終始抱っこをせがまれるとしたら、それは〇才のときの抱っこが足りていなかったわけですから、それを取り返すために抱っこするしかありません。それを考えたら、〇才のときに抱っこした方が楽なんです。

育児は番狂わせの連続。
そのイライラを
旦那さんにぶつけるんでなしに、
旦那さんにも
同じ目線に立ってもらうんや。

こころの問題をいろいろとお話ししましたが、子育てには、工夫や時間配分も大事やな。赤ちゃんは、夕方になると「一日が終わって、お母さんに抱っこして欲しい」と泣くんです。これは昔からそうなんや。だから赤ちゃんの機嫌のいい時間帯に、家の中のことをやっておくこと。ちょっと簡単に手を加えたら夕飯の支度が完成するように、朝のうちにしてしまうの。

そうこころづもりしていても、赤ちゃんが泣いて何もできないこともあるでしょう。そんなときは、旦那さんに明るくサラッとそれを伝えて謝ることも大事やで。

帰ってきた途端、奥さんがどよんとした顔で「赤ちゃんがずっと泣いてるのに、あんたが早く帰ってこないから何もできなかった」と、泣き言を言われたら、旦那さんも仕事の疲れが倍増するでしょう。

「お帰りなさい」と明るく言ってから「今日な、赤ちゃんが泣いて、夕飯これしか準備できなかった、ごめんやで」って謝ったら、旦那さんのなかには「そうか、そんなら子どもの話題をおかずやと思って食べようか」って言ってくれる、こころの大きい人もいるんや。

昔は、そういうことを、おばあちゃんが教えてくれたもんやけど、今はお母さんが一人で奮闘しているんやから、大変やな。

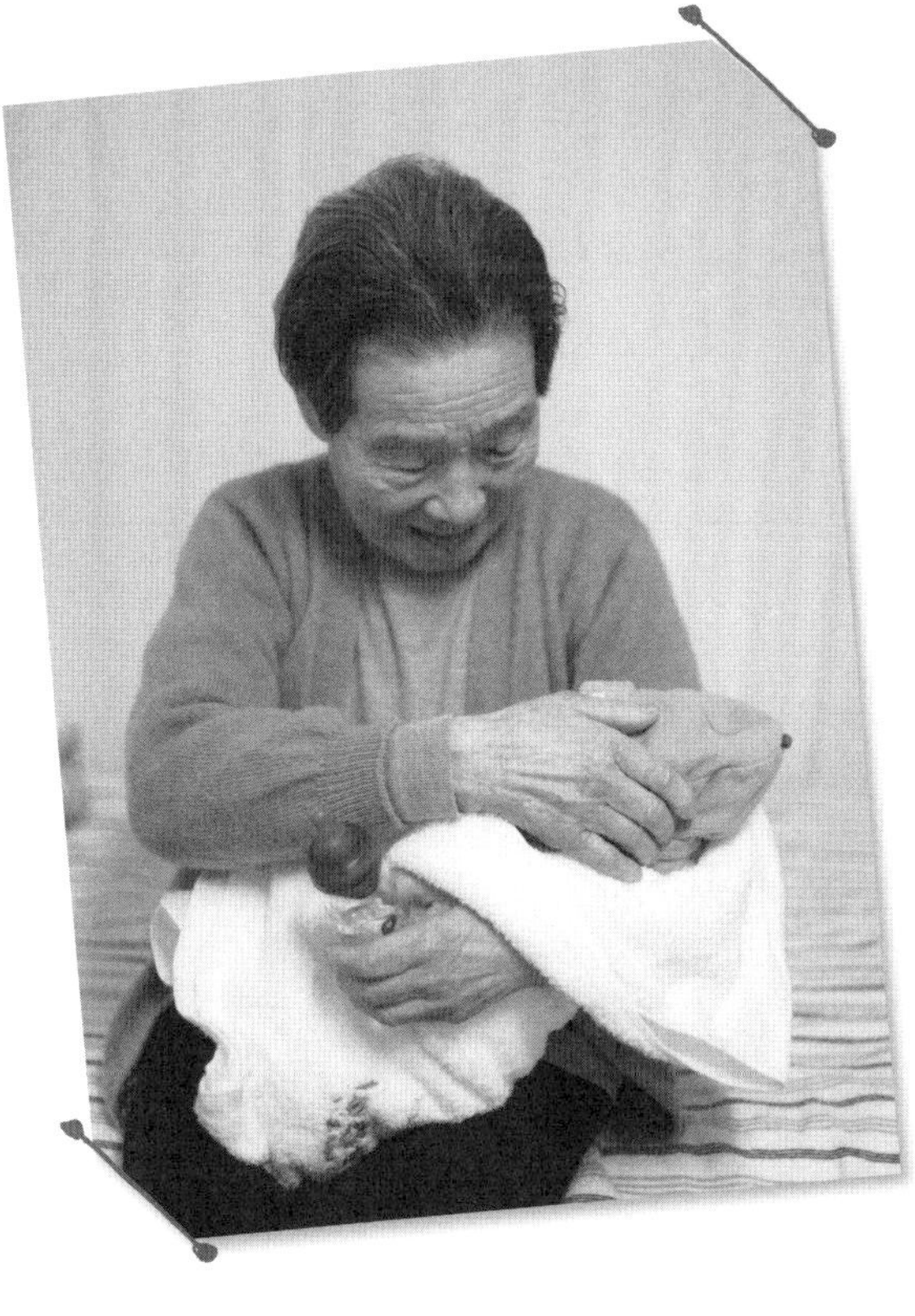

原始的な幸せの形を、
赤ちゃんは本能で知ってるんや。
「大好きなお母さん。
家の中の事きちんとせなあかんって
頑張り過ぎんでええんやで」って。
ほんまやで。

赤ちゃんも、三カ月くらいになると、「お乳飲ませてくれるんはうれしいけど、お母さんもうれしい気持ちになってほしい」と、思いやるようになるんや。自分のことだけでなく、赤ちゃんも家族の幸せを考えるようになるんやな。私から見ると「お母さん、家の中のことそんなきちきちせんでええんや。もっとおおらかにお父さんやおばあちゃんのこと考えてあげてほしい」って、思っている赤ちゃんもいてる。

ほんとですよ。

家族が、安定して穏やかで、幸せであることを赤ちゃんは望んでいるんです。つまりそれがいちばんの原始的な幸せということやな。

赤ちゃんはお母さんの合わせ鏡。
お母さんがモヤモヤを抱えていると、
赤ちゃんの顔色も悪い。
お母さんが安心すると、
赤ちゃんの顔色も
たちまちよくなるんや。

お母さんと赤ちゃんのこころはつながっています。お母さんのこころが落ち着かないと、赤ちゃんも落ちつかん。助産所に相談に来てくれるお母さんでも、お母さんがモヤモヤを抱えているうちは、赤ちゃんも不安そうにしているんや。

ここで私といろいろお話しして、「心配ないで」と言われて、お母さんがほっとすると、赤ちゃんの顔色もたちまちよくなるんです。

お母さんは赤ちゃんのことが心配して相談に来ているのに、赤ちゃんのほうでも、お母さんを心配しているんやな。

大きくなってから
人との距離がとれない赤ちゃんは、
○才で無遠慮な接し方を
されているのかもしれんな。

赤ちゃんが寝ているときは、静かにしてやってください。抜き足差し足でいなさいということではなく、赤ちゃんを解放してあげなさいという意味や。寝ようとしても「ちゃんと寝るかしら」と見つめられてると、おちおち寝つけん。お母さんの思いで、赤ちゃんががんじがらめになるんや。

大人だって、寝てるときにじーっと見つめたり、ちょっと動くだけで反応されたら、居心地悪いやろ。赤ちゃんがねんねしているときは、赤ちゃんをのびのびと解放してあげてください。

それから、寝ている赤ちゃんをお見舞い来たお友達などにを抱っこさせたり、起きている顔を見せようとして、起こしたり、触ったりしないこと。赤ちゃんをもののように扱ってはダメです。赤ちゃんは、自分がされたことをほかの人にもします。

ときどき急に人の顔を無遠慮に触ったりして、人との距離が取れない子がいるでしょう。赤ちゃんのとき、親にそうされていたんだと思いますよ。

「赤ちゃんはまだ小さくて、何もわからないから」と思ったら大間違い。〇才児の時の体験は、大きくなるまで響いていくんです。

赤ちゃんの成長を家族や親戚と祝う。
節目を作るという意味でも
好ましいことです。
形だけで終わらず、しっかりと
意味合いも考えてくれたらなおええな。

その土地、その土地で、赤ちゃんの成長の節目をお祝いする風習がありますね。一時期、若い人たちはそういった行事に消極的になっていたようですが、最近、また復活してきているのを感じます。

このあたりでは、生まれて百日目くらいにお食い初めをする風習があり、日取りをその家のおじいさんが決めてくれるんです。

昔のお食い初めは、いまのように、豪勢な食事などしませんでした。清潔にした手でごはんを一粒つぶして、赤ちゃんの舌の上に入れてやるんです。赤ちゃんが、飲み込んでも、飲み込まずにお口から出してもかまいません。そうすると、一生食あたりしないと言い伝えられてきました。

○才のときの様子を見れば、
どんな大人になるかがわかる。
逆に大人を見れば、
○才の時に
どんな養いをされたかがわかるもんや。

七カ月くらいの赤ちゃんを見れば、その子が思春期になったときどんな子になっているか、想像がつきます。逆に、大人になった人を見ても、その人が赤ちゃんのときにどんな養いをされていたか、逆算することができるんです。○才の子を見て「この子は将来安心やな」と思うのは、まず第一にご夫婦の仲がいいことや。次にその赤ちゃんをほんとうに大切にかわいがっていることです。

ひとくちに「大切にかわいがっている」といっても、その家によっていろんな個性があります。それが、その子の性格を作っていくんです。そして、その性格がくり返されることによって、やがては「その家らしさ」という、遺伝子になっていくのだと思います。

大切に育てている穏やかな家庭にも、家にひとり、突拍子もない意地悪をする子がいることもあります。お父さん、お母さんの気持ちの底の底にある、冷たいところが、その子に出てしまったんやと思いますね。

でもそんな子も、将来、いい伴侶に巡り会って、人生がガラッと明るく変わることもあるんや。

第2章

イラストエッセイ
～母である前に～

ところで私たちは、母である前に一人の人間です。ご近所、親同士、職場でのつきあいの中で悩みを抱える人も多いでしょう。そんな悩みが解消すれば、もっとゆったりした気持ちで子どもと向き合えると思います。

ここで少し、人としての生き方について、私が日頃考えていることをお話しします。私の言葉に、自身も二児の母である絵本作家のつつみあれいさんが、絵をつけてくれました。

自分本位に考えるのは「思う」
相手の身になって考えるのは「想う」
相手の幸運を念じて祈るのは「念う」
オモウココロには、三通りあるな。

「自分の気に入ったものとだけ暮らしたい」

「自分の気に入った人とだけ付き合いたい」

残念ながら、それはできないもんなんや。

地球上のものは、
すべてつながってるからなあ。

「人嫌いするな、もの嫌いするな。

やがては孤独と貧困に泣く」

という言葉があるそうや。

こだわりがきつい人は、
気に入らないものを
排除しようとするけど、
世の中は、全部が融和して
出来上がってるんやからなあ。

人生が苦しいと思てる人は、
自分のことばっかり考えてるから苦しいんや。
そんな人には、
「ちょっとは人さんのことも考えてみたらどうですか」

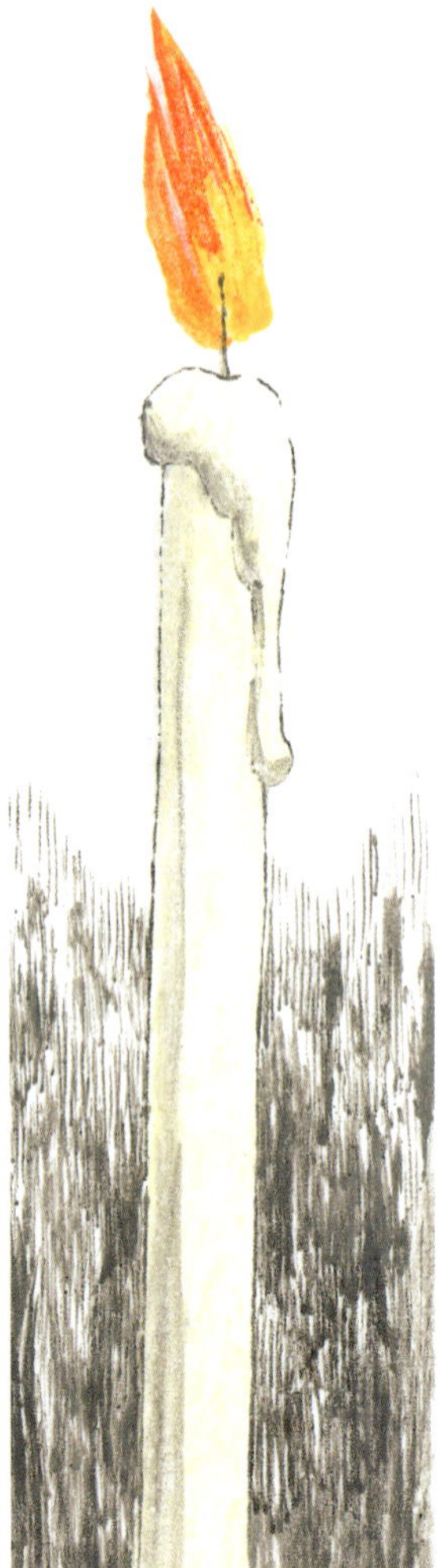

と言ってあげたくなる。
最初はほんの少しでええ。
少しでええから、
人さんのために自分を役立てられないか、
やってみたらええんや。
少しできたら、もう一歩進んでみる。
まあ見ててみぃ。
そうすることで、自分がどんどん楽になるはずや。

世情に引っ張られると、
どんどんモノが増えていく。
モノが増えると、
どんどん心が表面的になる。
人間が、本質的に必要なモノ。
生きるために、絶体絶命な状態の時に必要なモノ。
そんなモノとだけ、暮らせるとええな。

楽しげな顔をするのも癖。
仏頂面して暮らすのも癖。
悪い癖を直したら、
あなただけでなく、
たくさんの人が助かるんや。
悪い癖は直ります。
自分の悪い癖を直して、
いちばん救われるのは自分自身や。

けど、そればかりやない。
あなたが悪い癖を直して楽しく過ごすことで、
周囲の人までもが、
楽しく過ごせるようになるんやで。

理想が高い人ほど、
学校でも会社でも町内でも、
「ここがあかん」「ここがおかしい」と、

主張しがちやな。
でもどんなにええことを言うてても、
組織から浮き上がったらダメなんです。
組織のルールを尊重しながら、
自分の信じてること、
心を込めてしてみてください。
声高に主張するより、
ずっとみなさんの共感を得られるはずやで。

枝の先の先のことにばかり気持ちが行って、
根本の大切なことを置き去りにしてると、
心がどんどん貧乏になる。
根本のことに心から向き合っていたら、
枝葉のことなんて、本当はどうでもええはずなんや。
では何が枝葉で何が根本か。

生活を飾り立てると、
本質的なことが置き去りになります。
一度、どうしても生活に必要なモノとだけ
暮らしてみてください。
心が研ぎ澄まされ、
何が枝葉で何が根本か、自然にわかるようになるから。

第3章

「一才から」こころの芽が出てふくらむ季節

○才期に、しっかり信頼関係ができ、子どものこころの根っこが育ったら、それから先は周囲の力を借りて、気持ちを楽にしてええんです。

働きたい人は働きに出たらええ。今までは、三つ子の魂百までとか言うて、とにかく三才までは一緒にいた方がええように言われてきたけど、赤ちゃんも進化してる。今は生まれたての赤ちゃんでも手をゆうゆうと開いてる。首が座るのも早くなった。精神的な自立も、○才でしっかり母親と向き合った子は早いんです。

とにかく一年間だけは、性根をすえて子どもと一緒にいて欲しいけど、一年たったらお母さんも少しは解放された方がええ場合もある。

子どもの自立のためにも、職場に戻りたかったら戻る。仕事を持ちたかったら持つ。お給料がもらえんでも、社会のために自分を役立てられることがあれば、したらええんです。

お互いのために、自分の時間も持つようにしてください。それができないと、あとあとうまく子離れできず、「子どものため」と言い訳しながら、子どもを支配する親、子どもに依存する親になってしまいます。

手は離しても、心さえ離さなければ、子どもはちゃんと感じ取ります。

それもこれも、〇才の時の絶対的な信頼関係を築いているからこそ。

こころの根っこに「信頼」というコルクがぐるぐると巻き付けられた子は、ちょっとやそっとじゃお母さんとのこころの絆ははずれん。なんせ、一生もんの根っこができあがってるからな。

さて、しっかり根がはえたら、「芽が出てふくらんで」の季節の到来や。ここまできたら、子育てはもう半分終わったようなもん。あとのことは枝葉末節や。

○才の時に養われたこころの効き目は、保育園、幼稚園に行き、小学校にあがり、思春期を迎え枝葉がのびていく時にもずーっと残っていく。

たとえばいじめにあったり、いじめる側にまわってしまい、心が傷ついてしまったとしても、折れそうになった枝が元に戻る力がすでについているから、立ち直りが早い。人を信じることができる心の根っこが育ってるから、挫折してもまた立ち上がれるんや。

子どもの行動には理由がある。
ダメ出しの前に
ダメ出しをしないですむ環境づくりを。

「子どものしつけ」というと、「いいものはいい、悪いものは悪い」という、社会のルールを教えることから入る人が多いな。でも、それがしっかり伝わるためには、○才児のときに盲目の愛情を与えて、母子の間に大元の信頼関係がなければダメなんや。

ものを言わない時代に、愛情をしっかり与え切れば、口うるさくしなくても、社会のルールは自然に伝わるもんです。言葉が出てくるまでは、「将来、わが子にはこんなふるまいをする人間になってほしい」という生活をすれば十分。親はお手本なんや。

言葉が出てきたら、言葉のしつけの時期になりますが、頭ごなしに叱らないこと。子どもの行動には理由がある。それを聞いてやる余裕が欲しいな。「ダメ」と言わなくてもいい安全な環境を作るんは、大人の仕事です。

甘いもんは虫歯になる。
でも甘いもんは心穏やかになる。
さてどっちが真に子どものためか。
頭でなくこころで考えてみてほしい。

こだわりの強いお母さんは、子どもに甘いものを与えない人が多いな。「虫歯のない子に育てよう」「お菓子は子どもの体によくない」って、思うんでしょう。子どもの身になって考えるのではなく、自分が信じる正しい子育てをしようとするんやな。

甘いものは、こころを緩やかにするんです。一〜二才の子が甘いものをもらっていないと、どうしてもギスギスした感じに育ちます。甘いのを与えられずに育った子は、広い荒野にぽつんと置いて行かれたような気持ちになるそうです。

自然の作ったものに無駄なものはありません。どうして人間の歯に乳歯があるのか。それは「最初の歯は使い捨て」ということやと私は思っています。

世間で言われている
常識をキャッチする感性より、
目の前にいる子どもの
こころの声をキャッチする感性を。

赤ちゃんはまだお乳が飲みたいのに、お母さんの事情でどうしてもお乳を切らないといけないと困っている人に、私はいつも「その子のいちばん興味を持っている好きな食べ物はなんですか」って聞きます。そうしたら、魚肉ソーセージやとか、おにぎりやとか、そのいちばん好きなものを両手に持たせておきなさいって言うんです。そうしたら、ちょっと小腹がすいたときに「あ、ここにあるわ」と食べていたら気がまぎれるから、ギャーギャー泣いたりすることもなく、お乳を切ることができるんや。わずか一週間やそこらのことやから、栄養が偏《かたよ》るとか、そんなこと考えることありません。

私のアドバイスなんて、いつもこんなやで。一緒に働いてる若い助産師からは「坂本先生はハチャメチャや」って、よく言われます（笑）。でも、世間の常識より、赤ちゃんのことを考えていると、こんな答えになるんです。

豊かな時代になったから、
体を養うための心配ごとは減ったな。
でもこころここにあらずなお母さんが増えて
こころの栄養失調が心配や。

最近は、赤ちゃんと一緒にいるのに、一緒にいる価値のないお母さんがものすごく多いな。その最たるものは、メールや。同じ室内にいても、お母さんのこころがテレビやインターネットの世界にばかり向いていて、こころここにあらずなんや。

まじめに子育てしているお母さんでも、最近はそういう人が多いですね。その原因は、情報の氾濫やと思います。

昔は、体の栄養失調を心配したけれど、いまはこころの栄養失調の方が心配な世の中ですね。

「この子のために」を言い訳に、
自分の思う方向にしむけないこと。
子どもは親の思うようにならないと
思った方がええ。
思い通りになると思うから
辛くなるんです。

自分は一生懸命子育てしているのに、子育てがつらくて仕方がないお母さんがいるな。そういうお母さんは、「自分の思うように子育てをしたい」と思っているんじゃないでしょうか。お母さんが必死になって、よかれと思ってしていても、子どもには合っていないことがよくあるんです。そうすると、お母さんが頑張れば頑張るほど、子どもにとって過酷な状況になるんや。

子どもは、ひとりひとりに個性があります。お母さんの一部ではなく、独立したひとりの人間です。どうかそのことを忘れないで欲しいと思うんです。

「自分の家の中だけうまくいけばいい。
外は知らん」では困る。
ご近所さんとにこやかに会話を交わす。
その姿を子どもに見せてやってな。

家庭の中をよくしようと思ったら、ご近所とも和やかにしていないとダメなんです。これは本当なんや。社会のルールを無視して、家庭の中だけ仲良く幸せに暮らそうとしてもそれは無理、ということやな。

お母さんが、近所の方と「おはようございます、今日もええお天気ですね」って、にこやかにあいさつする様子を子どもに見せるのは、ものすごく大事なことなんや。

お母さんのその姿を通じて、子どもは社会を見る。あいさつが子どもと近所、子どもと社会のかけ橋になるんです。

子どもの心が離れてしまうと
心配する前に、
一家の太陽らしく振る舞ってほしい。
男の人と子どもは、
明るくて楽しいほうに寄っていくんや。

お手数ですが下記アンケートにご記入の上、お送りください。

■お買い上げ頂いた本のタイトルは？　（　　　　　　　　　　　　　　　　　　　　）

■本書をどうやってお知りになりましたか？
書店で実物を見て／書評・新刊紹介を見て（媒体名　　　　　　　　　）
新聞広告（　　　　　　新聞）／雑誌広告（誌名　　　　　　　　）
友人・知人からの紹介で／インターネットを見て（サイト名　　　　　　　　　　）
その他（　　　　　　　　　　　　　　　　　　　　　　　　　　　　　　　　　）

■お買い求めの動機は？
著者／書名／デザイン／帯の文句／テーマ／概要（あらすじ）／値段／
書店での展示の仕方／その他（　　　　　　　　　　　　）

■本書について、該当するものに○印をお願いします。
・定価………………高い　／　ちょうどよい　／　安い
・内容………………満足　／　普通　／　不満
・分量………………多い　／　ちょうどよい　／　少ない
・判型………………大きい　／　ちょうど良い　／　小さい
・デザイン………良い　／　普通　／　よくない

■読後の率直なご感想をお聞かせ下さい。

■お好きな本のジャンルは？
日本文学／海外文学／ノンフィクション／エッセイ／実用書／雑貨／料理／
アート／自己啓発／ビジネス／旅行・紀行／マンガ　その他（　　　　　）

■よくご覧になる新聞、雑誌、インターネットサイトは？

■どのようなジャンル、テーマに興味をお持ちですか？
ファッション／インテリア／コスメ／ビューティー／食／旅行／車／バイク／
スポーツ／アート／健康／コンピュータ／家事／育児／ショッピング
その他（　　　　　　　　）

■書店を訪れる頻度は？　毎日／週に（　　）回／月に（　　）回／年に（　　）回

■月に何冊ぐらい本をご購入されますか？　（　　　　）冊

■ご希望の著者、出版企画などがありましたらお書き下さい。

ご記入ありがとうございました。

POST CARD

料金受取人払郵便

小石川局承認

6968

差出有効期間
平成 27 年
6月25日まで
（切手不要）

112-8790

127

東京都文京区千石4-17-10

株式会社　産業編集センター

出版部　行

★この度はご購読をありがとうございました。
お預かりした個人情報は、今後の本作りの参考にさせていただきます。
お客様の個人情報は法律で定められている場合を除き、ご本人の同意を得ず第三者に提供することはありません。また、個人情報管理の業務委託はいたしません。詳細につきましては、「個人情報問合せ窓口」（TEL：03-5395-5311〈平日 10:00 ～ 17:00〉）にお問い合わせいただくか「個人情報の取り扱いについて」（http://www.shc.co.jp/privacypolicy.html）をご確認ください。

※ 上記ご確認いただき、ご承諾いただける方は下記にご記入の上、ご送付ください。

株式会社 産業編集センター　個人情報保護管理者

氏名《ふりがな》　　（男・女／　歳）

ご住所　〒

TEL：　　E-mail：

ご職業　学生・会社員・自営業・主婦・フリーター・その他（　　）

ご購入日及び店名　年　月　日　市（町・村）　書店

新刊情報を DM・メール等でご案内してもよろしいですか？　はい　いいえ

ご感想を広告などに使用させて頂いてもよろしいですか？　はい　いいえ

自分が体調を崩しておばあちゃんに子どもをみてもらっていたら、自分よりおばあちゃんが好きで、自分のところに来てくれない。おばあちゃんに子どもを取られるんやないかと泣いて電話かけてくるお母さんがいました。あのな、子どもはお母さんがいちばん好きなんです。それなのに、お母さんよりおばあちゃんのところに行くのは、お母さんが暗い顔しているからや。

このごろのお母さんは、心が弱いから、すぐ折れてしまうな。男の人や子どもは、明るくて楽しいことに興味持つから、暗いものから逃げていくのは自然のことなんや。

お母さんは、一家の太陽なんです。悩みの元があっても、もんもんと考えるのをやめて、まずは明るく楽しげにしてみてください。楽しげにしていたら、楽しいことがある。要は気持ちの持ちようなんです。

子どもを叩くのをやめられない
というお母さんは、
人の目を気にする癖をつけること。
そのうち理性で
感情を抑える癖がついてきますから。

子どもを叩くのをやめられない、というお母さんから、電話をもらいました。最初は、つい叩いてしまった。それがエスカレートして、またやってしまうというんや。

いま、お母さんと子どもは、狭い家の中でふたりきりでしょう。だから、とどまるところを知らないんや。ひとの感情なんて、そういうものです。

私らのころは大家族で大勢が一緒に暮らしていたから、常に人の目があったんです。それで、自制しているうちに、だんだんと気持ちの訓練ができて、理性で感情を抑制できるようになるんです。最初から立派なひとなんていない。人生していく中で、ひとつひとつ積み上げていくしかないんです。

自分の子どもの目も人の目や。自分のモノとして考えるから、その目が見えなくなるんや。

人間性は何を持っているかで
決まるんやないで。

親孝行な子ども、自分の運命を運命として受け止めて挫折しても立ち直って進んでいく力のある子どもは、経済的な困難を抱えている家に多く育っているように思えます。

お金があるかないか。学歴が高いか低いかは、人間性に関係ないな。

「いい学校に進んで有名な会社に入ってほしい」

「えらいさんになってほしい」

そんなことが子育ての目標になっていないか、折々に振り返ってください。

この世に生かされていることに素直に感謝できるかどうか。それが、その人の人間性につながるんやと思います。

仕事を持つことに
罪悪感を抱くお母さんへ。
懸命に働く姿を見せれば、
子どもは「自分もお母さんと一緒に
社会の力になっている」
と考えるようになる。

助産所に来る、仕事を持っているお母さんに、私はいつも言うんです。三年も五年も子どもとべったりひっついておらんと、一年すぎたら仕事しなさいって。そのかわり、子どもを保育園に預けるときは、「今日もよく遊んでな。お母さん、一生懸命仕事してくるさかいな」って、ちゃんと子どもに言いなさいって。

それで迎えに行くときは、「あんた、かしこうしててくれたから、お母さんは今日一生懸命仕事できたで。明日も頼むな」って、あんたが一日勤められたことへの感謝の気持ちをこの子と共有してよ、って伝えています。

そうしたらこの子は、大好きなお母さんと喜びを共有できて、自分もお母さんとともに社会の力になってるという、達成感持って、テンション上がるんです。そういう子は、発達も早い。こんな風に、世の中がいい循環になってこなかったら、日本の国を再生することはできんと思う。

子どもは賢いで。お母さんが家事に嫌気がさして、怠けて遊ぶために子どもをほったらかすのと、真剣に仕事するために子どもを預けるのと、ちゃんと見分けついてるんや。

三度の食事が命をつないでいる。
生き物の命により、
自分が生かされている。
そう感謝して食べることを
真っ先に教えるんや。
細かいマナーは二の次や。

いま、食事が贅沢になったから、家のごはんを作るのも、大変やと思う。昔は、じゃがいもの時期はじゃがいも、大根の時期は大根。いま採れるものを、食べていたから、朝、昼、晩、同じおかずなのも当たり前やった。

その当時は、「命をつなぐ」ということで精いっぱいやったな。自分たちが生きるために、命あるものを殺した、そのことに対する感謝の念が根底にあったと思います。いまは「人の命をいただいて、私が生かされている」という深い意味を持って、食事のことをとらえている人が少ないんやないですか。親が、子どもたちに伝えていかないといけないですね。「命をつないでいる分、世の中にお返ししていこう」という気持ちになっていくわけですから。

それから、食事のとき、細かいことに口うるさいと、食べる気なくすわな(笑)。子どもの視野が広がるような話題で、楽しく食卓を囲んでほしいと思います。

子どもの口から出る言葉は、
すべて周りの人の口まねや。
ひどいこと言われた時は、
自分で吐いたものが
自分に跳ね返ってるだけと思ったらええ。

いまは、お母さんと子どもだけで狭い家にいることが多いでしょう。そんな環境で一才すぎて子どもがしゃべりだして、「お母さん嫌いや」とか、自分の気に障ることを言うことから、虐待が始まると思うんです。

「自分の子どもがひどいことを言う」と、お母さんは思うけれど、子どもが自分で言葉を発明してるわけやない。必ず誰かが言ってるんや。口に出さなくても、心の叫びとして言っていることもあるな。

自分の両親や、旦那さんの両親に対して、あんたが発している言葉を、今度は子どもから言われる。それが虐待につながるんです。口に出していない言葉でも、子どもにはわかるんや。子どもにひどいことを言われたら、自分が自分の親に対して思っていることではないか……そう考えてみてください。

子どもに何かを習わせるべきか、
習わせるなら何がいいか。
子どもの個性をしっかり見つめれば、
自然にかぎ分けられるようになるもんや。

子どもに習い事をさせてもいいかどうか、よく聞かれるんや。その子によって違うから、子どもの個性をよく見ることです。

○才の一年間、徹底的に向き合えば、自分の子どもがどんな習い事をしたいのか、かぎ分ける力もできます。

いちばんわかりやすいのは、子どもがうれしそうかどうか。

「今日は○○教室の日やな」と言って、子どもが少しでもイヤそうにしているなら、お勧めしません。

第4章

「家庭のこと」こころの根っこがのびる土壌

世の中にごまんといる男と女の中で、出会って、結婚して、肌を合わせて、子どもまで持ったんや。これは、よくよくのご縁やで。

旦那さんには旦那さんの育ちがあり、奥さんには奥さんの育ちがある。育ちが違うから、食い違うことがあるのは当然や。

「いやいや、うちの旦那さんには、こんなにいいところもある」と、いい面を見て、おおらかにしていられたらええな。

どうか軽い気持ちで別れようなんて、考えないでください。離婚は、子どもにとってものすごくつらいことなんや。

子どもにとって、両親が仲良くしていることが、なによりうれしいんです。お互いを尊敬しあいながら子育てしているご夫婦は、その醸《かも》し出されている雰囲気で、周囲の心まで楽しませてくれることがあるんです。

どうしてもうまくいかんという人は、お互いの相性とは別に、自分たちの両親との間に問題がある人もいます。
自分の親を好きになれないという人は、自分のことも嫌いなんや。
相手の親のことも、立て方がようわからんからうまくいかん。

親との問題は根が深い。親の代だけの問題でなく、何代にもさかのぼって負の遺産が積み重なっているんや。
だけどな。子どもにとって不本意な養いがあったとしても、それが誰のせいかは、どんなにさかのぼったところで解決しない。

負の遺産を負のままわが子に引き継ぐか、自分の代で踏ん張って好転させるか。決めるのはあなたです。

親がいなかったら、いまの自分は存在しない。それだけは事実や。

まずは、親孝行の真似事だけでもしてみて下さい。

子どもにとって、両親が仲良くしていること、両親が自分たちの親に孝行している姿を見ることが、なによりもうれしいんです。

言いたいことを
言い合える環境づくりは、
日々のなにげない会話が肝心なんやで。
言葉はけちったらあきません。

「言葉はけちったらあかん」って、私よくみなさんに言うんです。おいしいときは「これ、おいしいなぁ」って。うれしいときは「あんた、こんなことしてくれたんや、ありがとう」って、口に出しなさい。

「黙っていても伝わるだろう」なんて思っていたら、定年退職して「さぁ、これから」というとき、離婚届つきつけられますよ。

私は、あっけらかんとして、何の苦もないように人生していると思われていますが、どうしてどうして、小人ですから、いろいろと悩んでいますよ。一番の悩みは、四年前に他界した夫と、もっと話しておけばよかったという悩みです。無口な人やから、私がこまごまと言うと「うるさいこと言うな」と、よく叱られたものです。ですから、言おうと思っては、引っ込めてしまったんです。

それでも、冗談めかしてでも言いたいことを言って話をしておけばよかった。それができなかったことを今、後悔しているんです。

話していたら、もう少し会話が深まっていたのかもしれないと思っています。いまとなっては、取り返すすべもありません。

そんな私たちでも、なんとか夫婦の体裁を保てていたのは、私が徹底的に夫を立てていたからだと思います。

旦那さんが
育児に協力してくれない時は、
旦那さん自身の生育歴にも
思いをはせてやってな。

奥さんが夫婦で協力して子育てしたいと思っていても、旦那さんにその気持ちがないことは、珍しくないな。

「主人は、自分ばっかりの人です」という奥さんに、旦那さんのことをよくよく聞くと、小さいときにお母さんを亡くしているとか、愛情を受けなかったとかの事情が分かってくることがあります。

「それやったら、あんた大変やけどな、この旦那さんにも、子どもを育てるような気持ちで接してあげなんだら、ほんとの幸せには巡り会えんで。大きな子どもと、小さな子どもがふたりいるつもりで、養っていくこと」って、お話しするんです。

旦那さんは、奥さんに自分の母を求めているんや。

旦那さんが理不尽なことしたら
き然とした態度を。
そうするためにも、
日頃から精神の自立を。
依存はあかん。女性として魅力ないで。

私はいつも「旦那さんを尊敬しなさい」「旦那さんを大切にしなさい」って、言ってますけど、それは依存しなさいということではありません。男性の言いなりになったり、依存した生活をしてはダメ。まず第一に、依存する気持ちがあると、女性の魅力がなくなります。女性も、自立しなければいけないんです。自立といっても、偉そうぶって表に出るのとは違います。自分の中に秘めた女の人の力を自覚すること。女性は女性としての、根本の性差を含めた、女性らしさをなくしたらあかん。

自立するというのは、自分っていうもののポリシーをきちっと持つこと。いつ男の人にフラれても、「私は自信持って生活していけます」という自信。この人にしがみついていなくてもいいという自信。それが大事です。収入の多い少ないの問題ではない。こころの問題なんや。そういう自信が根底にないと、旦那さんが正しくないことをしたときや、理不尽なとき、毅然としていられないでしょう。

例えば、暴力。

私ね、暴力振るう人のことは、あっちが白眼向くほど叩いていいって言うんです。向こうの間違いを正してやるのが、本当の親切や。暴力は、振るわれた方だけでなく、振るった方も傷つくんです。いい旦那さんでも、暴力をきっかけに、本質を見失ってしまうこともある。

うちの旦那もおとなしそうやけど、腕力あったなあ。あるとき、大きな棒のきれっぱしを私に投げつけようとしたんや。投げつけられたら痛いからな、私はそれとはなしにサササッと逃げて叩かれんようにしたの。昔の男の人なんて、そんなことよくありましたよ。

人間として、弱い女の人に対して暴力振るうなんて、やってはいけないこと。やられる側も、そんなことを助長してはダメなんです。DVでもね、女の人も悪いんや。相手が殴るなというときはわかるでしょう。そんなとき、殴られないように身をかわしたり、場面を転換するんです。だから私、DVに悩んでいる人には、先制しろっていうんです。相手の気勢を制して、叩いていい。ハッと思って、目が覚めるはずやって。

暴力振るう人も、どこかで止めてほしいんや。「またやった」という気持ちの呵責《かしゃく》に耐えかねて、また次もやってしまうんです。そうならないようにするのが、女の知恵です。

離婚を考えているあなたへ。
我慢するよりマシとか、
自由に生きるとか、
かっこええこと言うて
肯定する人おるけど、
ちょっとだけ立ち止まって、
深いところで相手との
「ご縁」を考えてみて欲しい。

ごまんといる男女のなかで夫婦になったということは、あなたと旦那さんとは深いご縁があったんでしょう。それで肌を合わせて子どもまでできたんやから。その事実をはっきり自覚すること。結婚は、表面的なものではない。今の人は、夫婦のこと、親子のことを、経済的なこととか表面上でしか見てないな。お父さんがいるかいないかは、子どもにとって簡単な問題ではないんです。

子どもは、半分旦那さんの遺伝子。子どもの奥底のことを考えたら、離婚はできんはずや。最近の人は、「自分一人のほうが楽や」って、簡単に離婚するの。そうでなくて、深いところで「ご縁」を考えたら、簡単にできるものではないはずや。いま、子どもは小さいけど、大きくなったら、お父さんのない子どもの落ち込みはきついです。前向きに進もうと思ったら、お父さんとお母さんという、車の両輪が必要なんや。

考え抜いた末、それでも相手と
別れたいと思ったあなたへ。
子どもにしっかり理由を話してやること。
その時絶対に相手を悪く言わないこと。
大好きなお母さんが困ると思って
何も聞かずにいる子もおるけど、
心の底では納得したがってるんや。

シングルマザーで子どもを育てているお母さんにお願いしたいのは、旦那さんと別れることになった経緯を、きちんと子どもに伝えて謝って欲しいということです。そのとき、自分のことだけいいように言って、相手を悪く言ったらあかんのやで。

それをちゃんとしないと、子どもはどうしても納得できないんです。でも、大好きなお母さんが困ると思うから、「どうして自分にはお父さんがいないの？」と自分からは聞けないんや。

お父さんがいないという事実は、大人が思っているより、ずっと子どもには重いことなんです。

二人目の子づくりに
旦那さんが協力してくれんと嘆く前に、
自分自身をかえりみて欲しい。
子育てにかまけて旦那さんのこころ、
置き去りにしてへんか?

二人目が欲しいのに、旦那さんが協力してくれんという相談を、電話やお手紙でとてもよく受けます。

その原因は、里帰り出産が原因になっているように思うんです。いまのお母さんたちは、妊娠期間の十カ月間、一度もセックスしなかったという方が、結構います。しかもお産して、一カ月もして「そろそろご主人の元に帰りますか?」と聞いても、まだまだ帰らんというんや。これでは旦那さんが気の毒です。男性と女性とでは、生理が違うんです。男性の性欲は排泄欲ですから、溜まって来たら出さないとダメなんです。お小便が溜まってきたら、がまんできないのと同じです。奥さんは「インターネット見て、マスターベーションしてるから大丈夫」と言います。確かに、その場をしのぐには手っ取り早い方法かもしれませんが、そんな生活を長く続けていたら、いつしかマスターベーションのほうが主流になってしまって、そのまま年齢が上がると、性に対する興味がなくなってしまうんです。そうなってから、「さぁ、二人目を作りましょう」と奥さんが言っても、そうはいきません。

里帰りせず、ご主人と一緒におっても、妊娠中、授乳中に、セックスを受け入れられないという女性は多いな。直接の性行動はなくても、「いつも旦那さんと一緒なんだ」という意思表示をして、体全体で旦那さんを受け入れるという表現を欠かさずに、長い妊娠期間を乗り切ってほしいなと思います。

旦那さんがマスターベーション主流になって、実際のセックスが疎《うと》ましくなってしまった場合は、どうすればいいか。これは、ちょっと時間がかかるかもしれませんが、不可能ではありません。

セックスうんぬんとか、二人目が欲しいなんてことは横に置いて、とにかく旦那さんに優しくしてほしい。子どもを愛するのと、同じ気持ちで大事にしてあげてほしいです。マスターベーションは、異質の快感です。本質の喜びには、到底かなわないんです。

当たり前でほどほどの
穏やかな生活。
これが夫婦長続きの秘訣。

結婚しても、まだ恋人同士のように夫婦があまりにも仲良くしていると、子どもができにくいな。結局、夫婦の愛情は、「日常の食事」で、強烈においしい食事（外食）ではないということや。

毎日かわり映えのない日常でも感謝して暮らせるように、当たり前でほどほどの穏やかな生活がええな。

毎日毎日、おいしいものを追いかけて外食するような、常に新しい刺激を追い求めるような、楽しみのセックスをしている夫婦は、長続きしない。ほどほどに、お互いの立場を考えていくのが、ずっと続く方法だと思います。

常に相手を思いやる。お互いにね。

頭がいいお母さんは、
旦那さんの上に立とうとするけど、
真に賢いお母さんは、
一歩引くことを知ってるもんや。

いまのお母さんは、自分が大将やと思っている人が多いかもわからんな。あのな、女性は強いから、自分で意識してなかったら、どんどんその家の大将になってしまうんや。

けれど、賢い女性は、ちゃんと旦那さんを立てられる。私の知ってる人で、収入は旦那さんより奥さんの方がずっと多いのに、ちゃんと旦那さんを立てている奥さんがいます。そんな家庭は、やっぱり円満なんや。男性は、自分が立てられていると、立ててもらったなりの人間にならなあかんと思うもんなんです。旦那さんには一歩引く、朝起きたら心を込めて挨拶をする。旦那さんに一歩引くのは、生きるルールや。旦那さんが一家の長やということをいつも頭においていたら、自然にそうするようになる。

自分が大将やと、くれぐれも思わないこと。

「子育てに自信が持てない」
というお母さんが増えたのは、
昭和四十年以降。
核家族化が進み、
まるで子育ての伝承の縦の糸が
プツンと切れてしまったようや。

子育てって、本来は伝承的なものなんです。お母さん、おばあちゃんから伝わってきたもの。昔は、お乳は、産んだときに、同居しているおばあちゃんが重点的にかかわっていましたから、お産婆さんはなにかきかれたら答える程度で、お産婆さんがお乳の指導や子育ての指導をすることはなかった。お産婆さんの仕事は、産ませたり、沐浴したり、そんなこと止まりでした。

いまは核家族やから、結婚したら一戸の主になるでしょう。若い夫婦だからまだ力がないのに戸主になって、なんとはなしに、力があるような気になってきた。まるで、自分一人で大きくなったようにさえ思うようになって。

それで、親の言うことを聞かなくなってしまって……そんな頃から、助産師が子育てやお乳の指導にかかわるようになったんやと思います。

昭和四十年以降、産院で母子別室にするのが主流になってから、「自分の子育てに自信が持てない」というお母さんが増えてきました。その世代が、今度はおばあちゃんになって、「いまの若い人らの子育てにはついていけない」と言うようになった。「孫よりも自分の生活の方が大切」というおばあちゃんも多いな。子育ての縦糸が、プツンと切れてしまっているのを感じます。

親を尊敬できないと
嘆く人は少なくない。
負の遺産を子どもに引き継がずに、
自分の代でとめる覚悟を。

親を尊敬できないという人は、その親もその上の代も親を尊敬できていないことが多いな。どこまでさかのぼっても解決しない、負の遺産が脈々と受け継がれているんや。けどな、負の遺産を負のまま子どもに受け継ぐかどうかは、あんたにかかっているんやで。あんたの代で、親を大切にすれば、あんたの子どもも、そうできるんや。親を尊敬し、大切にするのに、それがどんな親だからとか、関係ないんです。どんな親でも大事にしたら、親よりも、あんたとあんたの子どもが救われるんです。

まずは、それに気が付いた自分が、親を尊敬し、大切にしてほしいです。最初は真似事で結構や。親の方でも、尊敬されたら、それにこたえる親になろうと気づくものです。

親を嫌っている人は、一生苦しむ。明日の繁栄はないんです。

妻が夫の親を、
夫が妻の親を大事にする。
その姿を見ている子は、
絶対荒れません。

旦那さんの親に子どもを取られないかと、おばあちゃんを避けているお母さんがいますね。旦那さんの親を嫌って旦那さんの親の方に行かさないようにした子や、自分の親を悪く言う親の子は、たいてい荒れてます。

親がいくら嫌っていても、おじいちゃんとおばあちゃんの存在があるから、この世にいる。子どもは、それをわかっているんです。

子どもがわけのわからない暴れ方をするときは、自分の親に親孝行している姿を見せるといいです。両親が、自分の親に親孝行している姿ほど、子どもを安心させるものはないんです。旦那さんが、自分の親に冷淡だったら、奥さんが旦那さんの親に優しくしてあげるとええな。

夫婦がお互い、相手の親を世話するような家だったら、子どもは犯罪なんか起こしませんよ。

終章

「私の原風景」

ふるさと、人から学んだこと

和歌山の山奥で生まれ、働く親の背中を見て育った子ども時代。

私の生家は和歌山県日高郡の山奥にある清川村（現在はみなべ町）という農村にありました。両親は農業を主として生計を立てており、夏は米を作って一家の食を満たし、冬は紀州の備長炭を焼いて現金収入を得ていました。家族全員健康でさえあれば、貧しいながらなんとかやっていけるという生活でした。当時はみんな貧しくて、一家でひとり病人が出ると、たちまち生活が困窮したもんです。

父と母は大きなけんかをすることもなく、七人の子どもを産んでくれました。上と下の子どもは生後まもなく亡くなり、私たちは五人兄弟として育ちました。次兄は二十一才のときに中支戦線で戦

死し、長兄は八十七才で他界しましたので、現在は三人の女ばかりの姉妹が生き残っています。三人とも夫は亡くなりましたが、子ども達や孫達がそれぞれ健康にしていますから、日々幸せを感謝しながら生きております。

母の乳を吸っていた頃の記憶はありません。おぼろげに覚えているのは、母に抱かれたというより、父の膝に坐って抱いてもらって、額に父のあごひげがザラザラと触る感触です。父は読み書きすることができましたが、母は書くことも読むこともできませんでした。でも記憶力は抜群で、覚えておくべきことは、全部記憶していました。いらんことをごちゃごちゃ考える前に体が動く、明るく働き者の母。たんたんとして、世間のしがらみなど考えない人やった。私は母の姿から、人間としてあるべき最高の姿を教わったと思っています。私は、まだまだ母の域には近づいてないです。

あれは小学校に通っていた時分でしょうか、両親が夜まで納屋で仕事しているのを、わらの山の向こうから「まだ終わらんのかなぁ」と見つめることがよくありました。あのときの、待ち遠しく、けれど満ち足りた気持ち。いまでもよく覚えています。母親は、荒削りの愛情やったけれど、いつも愛を注いでくれていました。

脱穀した玄米をつくのは、子どもの仕事でした。一回に十キロくらいずつついたかなぁ。今のような真っ白のお米にはならなくて、七分づきくらいでした。昔はたくさんごはんを食べましたから、五

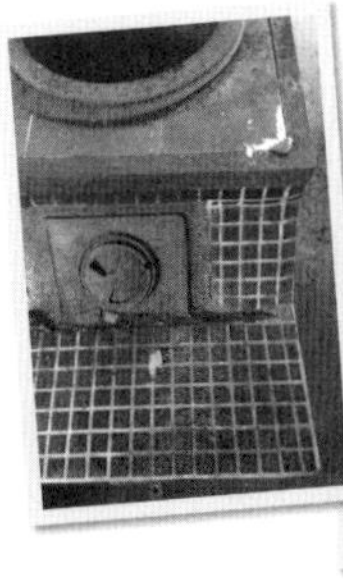

～六人の家族で、十キロのお米を一週間ほどで食べ切っていたように思います。たくあんは四斗樽《しとだる》で漬けてたな。当時は、なすのへたや干し柿を作った時の柿の皮なんかを干しておいて、塩や鷹の爪と一緒にぬかに混ぜておきました。その混ぜたぬかを樽の底に薄く敷き、干した大根を一段詰めたら、またぬかを入れ、また大根を詰め…と、段々に漬けていき、最後は大根の葉をぎっしりと乗せて空気を遮断してから、木のふたをするんです。これを、当時は一年中食べていました。浅漬けと違って、しっかり発酵したものを食べていましたから、チーズ並みの乳酸菌を取ることができたんです。そのほか、キャベツ、玉ねぎ、大根などの季節の野菜と、庭で飼っているニワトリの鶏肉、川でたもを使って取った魚、竹の仕掛けを使って取ったウナギなども裂いて蒲焼して食べていました。川エビをたくさん取ってきて、炒ると、手足のジャコジャコしたところが取れて美味しく食べられるとか、そんな工夫もしていたな。今思うと、粗末なもんでも、本質的には豊かな食生活だったかもしれませんね。

峠を越えてきた人に、食べるもの、履くもの、寝る場所を提供した母。

生家は峠に差し掛かるところにありました。母は、これから峠を登る人、峠を越えてきた人みんなに、「うちで一服して行きよし」と声をかけ、お粥を振舞っていたものです。遠くから歩いてくる人数を見て、お粥さんが足りなそうだなと思うと、お湯を足して薄めることもあったようです。たとえ薄いお粥でも、温かなものでおなかとこころを満たしてほしいと思ったんでしょうね。

当時はわら草履《ぞうり》でした。遠くから来た人は、草履がかかとの方からどんどん擦り切れて、鼻緒の下だけ残って、爪先立つようにして歩く人もいました。母は、そんな人が草履を替えられるようにと、ちょっとした時間があると、わら草履を編み、道の傍《かたわら》にかけていたんです。

「私の草履は、かっこうは悪いかもしれんけど、新しいんやさかい」と声をかけ、二、三足ずつ手渡していました。きっちりした現代人には、ちょっと考えられんかもしれませんね。

夕方になって提灯を持っていないような人を、納屋に泊めてあげることもあったな。お遍路さんや、らい病の人も来ました。らい病の人は、自分の家にいさせてもらえないから、お遍路に出て、倒れた場所が死に場所になるんや。そんなことも、母が教えてくれました。

村のお宮さんに芝居の人らが来たときも、母は食べ物を持って行ったりしていたな。役者さんの中にはおなかの大きな人もおって、いつ赤ちゃんが生まれるかもわからないのに、芝居していたんです。母は「自分の親が見たら、つらいやろな」と言ってました。

外では野山を駆け巡り、家では本にかじりつき。

親から「勉強せぇ」と言われた事はいっぺんもなかったです。私は本を読むのが好きで、手当たり次第読んでいました。でも、本もろくになかった時代で、山奥では子どもに本を買うなど思いもよらぬこと。学校にも図書室などありません。友達に裕福な農家の娘がいて、「家の光」という月刊誌を借りて読むのが楽しみでした。あとは、先生、郵便局の局長さん、おまわりさんなどのおうちの子に借りた「少年倶楽部」「少女倶楽部」。月給取りのおうちの子は、私らから見たら、豊かな生活をしていたように思いますね。

昔は、旧家のおうちの人や、裕福なおうちのご主人を「旦那さん」と呼んで、村の人たちは大人も子どもも敬っていました。遊んでいるときでも「山もちの旦那さん、向こうから歩きやるで（向こうからくるよ）」と誰かが言うと、みんなシャッと姿勢を正したりして。昔の、殿様と家来とか、そういう時代の名残があったんやと思います。子ども同士でも、旧家の子に対しては、勉強なんかできなくてもみな一目置いてたな。その家の伝統に対する尊敬の気持ちがあったように思います。

旦那さんのほうでも、村の人たちが生活しやすいように、常に心がけてくれていました。村の税金も、全体の半分を旦那さんが払ってくれて、残りの半分をもうちょっと下のお金持ちが分け合って払い、残りを私らのような世帯みんなで払うんや。当時の清川村で、二千世帯くらいあったかな。貧しい家では、税金は払えませんから、「わしとこ、税金かかったんね（税金払ってる）」と、自慢する人もいました。

年に一度、鹿島神社のお祭りがあって、朝早くから片道三里（十二キロ）の道を、手のひらに五十銭玉ひとつカンカンに握りしめて、わら草履で歩いて行きました。帰りには、わら草履が破れてぼろぼろになるから、必ず予備の草履を腰にぶら下げてね。当時の私らの足で、一里歩くのに一時間ちょっとかかりましたから、片道三時間以上、往復で六時間以上かかりましたが、それだけ歩いても、楽しみの方が大きくて、苦労とも思わなかったです。

子どものころは、自然のものを大事に食べました。畑の作物や、家の敷地になっている柿などは、勝手に取ったら盗みになりますが、野山に生えているものは、みんなのもの。麦わらで編んだかごを持って、よく採りに行きましたよ。ブルーベリーのようなシャセンボ。食べすぎるとうんこが詰まってしまうグミ。甘くて渋みのないユスラ。お蚕さんのために葉を育てている桑も、実は子どもたちが食べていいことになっていました。マツタケも、山になんぼでもありました。焼いて二杯酢で食べたり、マツタケごはんにしたな。食べてもいいキノコ、ダメなキノコは、子どもたちもよくわかっていました。

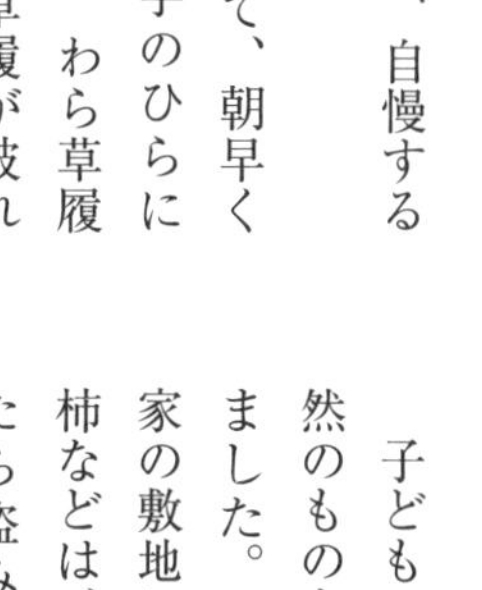

備長炭にする楢木を割ると出てくる幼虫も、おいしかったな。竹の棒の先を割って虫を挟み、たき火で焼いて食べるんです。炭焼きさんが木を割

り始めると、虫欲しさに駆けつけたものです。簡単な罠を作ってスズメを捕まえて、毛をむしって焼き鳥にしたこともあります。

野山は、薬局の役目もしていました。当時は、よっぽど悪くなければお医者さんにはかかりませんでしたし、生薬《しょうやく》を扱う生薬《きぐすり》屋さんも、田辺の町まで行かなければありませんでしたから、うちの母は、家族の誰かに湿疹ができたりすると、鍬を担いで山に行き、皮膚病に効く木の根を掘ってきて、煎じて自分で治しました。そういう知識は、村の人はみんな持っていた時代でしたね。

小学校を卒業するとき「上の学校には行かさない」と言われて、すねた私がごはんを三〜四日食べないことがあったそうです。母が親戚に話したのを後から聞いたのですが、私自身には記憶がないんです。そんなこともあったんかな（笑）。当時の農村では、子どもが本を読みたいとか、勉強したいとか言っても、親は「ちっとも腹の足しにならん」と、まったく歓迎しなかったものです。小学校を出ると、口減らしによその家に行くのは当たり前でした。女の子なら子沢山の家で子守をしたり、男の子は男衆といって農家の

手伝いをしにいきました。預かるほうでもお給料を出すほどの余裕はありませんから、「ごはん食べさせてもらいにでも、行ってこい」と家を出されるんです。いまのように「家事手伝い」などと言って、学校を出た子が家にいるなんて贅沢、考えられんかった。いまなら、小学校を出たばかりのよその家の子が子守に来るなんて考えられんだろうな。子沢山でも、こうして地域や親戚の間で人が循環して助け合うことで、やっていけたんです。また、働かせてもらう子どもの側でも、よその家で修行することで、一人前の人間になれたんやと思います。

山あいの村から町へ。そして大阪での暮らしにカルチャーショック。

私は小学校を卒業すると、田辺町（現在の和歌山県田辺市）にある、母の長兄の家に世話になることになりました。清川村の農村で、おサルと一緒に走り回って遊んだような育ちでしたから、ちょっとは町の環境に慣れないと、将来どこにもやとってもらえないだろう、と預けられたんや。

その家のおじさんは職業軍人を退官し、役場で勤め上げた後、恩給をもらいながら田辺で「代書屋」というのをしていました。当時は、私の母親のように、読み書きできない人が大勢いましたから、近所のおばさんたちが、大阪に働きに行った息子にはがきを書いてくれと頼みに来て、一銭か二銭とかで書いてあげていたようです。

その家にはひとり娘さんがいて、婿養子さんをもらって暮らしていました。娘さんは呉服屋さんの下請けで、お針の仕事をしていましたね。お裁縫を習いに来ている人も、何人かいたように思います。その家で、私はお掃除したり、お茶碗洗ったりしながら、行儀を教わりました。

町の暮らしは、当時の私にはカルチャーショックでしたよ。まず強烈に記憶にあるのは、お店にお菓子がようけ（たくさん）並んでる。清川村でおやつといえば、自然のものでしたから。
おじさんの家に一年ほどいて、その家にお花を教えに来ていた先生の仲立ちで、「ここやったら、かたいところやから行かせてもらいなさい」と、大阪市此花区にある歯医者さんに働きに行くことになりました。大阪で売っているお菓子はもっとカラフルで、「田辺のお菓子が最高のお菓子や」と思っていた私は、またまたカルチャーショックや（笑）。

大阪の歯医者さんは三人家族で、書生さんやらお手伝いさんやら四、五人が住み込みで働いていました。私はそこで、歯医者さんの受付や、いまでいう歯科衛生士のような仕事をしました。

大阪では、ぐるり見回しても山は見えない。これはさみしかったな。どこかに山の姿は見えないものかと、空を眺める日々が続きました。

山を恋しく思わなくなったのは、大阪に行って三年ほどしてから。歯医者さんの奥さんが「看護婦の免許もっているとええよ」と、午後の休憩時間に学校に通わせてもらえるようになった頃です。看護婦の免許を取れたとき「看護婦には定年があるけれど、助産婦はいくつになっても働ける」というのを聞き、それならと助産婦の免許も取りました。続いて保健婦の免許も。家では上の学校に行かせてもらえなかったけれど、こうして大阪に来たことで勉強させてもらえて、私はほんとうに上司に恵まれたと感謝しています。歯医者さんの家にはたくさん本もあったな。仕事が終わってから夜中の三時ごろまで夢中で読みふけったものです。

大阪で経験した戦争。大空襲で見たもの。

ところが、私が大阪に行って四年ほど経つとだんだん戦争がはげしくなり、軍需工場の多かった此花区のあたりは、何度も空襲を受けました。なかでも終戦の年、三月十三日の大阪中心地への爆撃は、思い出すのもいやなほど、壮絶な経験でした。大阪の中心地は焼け野原で、上本町に立ったら、大丸から高島屋から、建物の二階から上は全部飛んでなくなってました。御堂筋を歩けば、防空壕で死んでいる人、ビルが倒れて半分下敷きになったまま亡くなった人。ビルから出た部分はまっ黒焦げで、ビルの下になった部分は、焼けてないんや。爆撃受けて、熱くてみんな川に逃げる。けど、その川も煮え湯や。道頓堀川も、死んだ人でいっぱいやった。亡くなった人は、どれが誰かなんて言っている間もなく、兵隊さんが鳶口《とびぐち》で引き上げて、焼け残ったお寺で焼いてました。歯医者さん一家も焼け出されて、藤井寺の先生のお友だちの家に荷物を預けた後、みんなで奈良の御所《ごせ》に疎開しました。

そのころ下の妹は、学校から召集を受けて、大阪市城東区の軍需工場に駆り出されて、鉢巻しめて働いてました。八月八日に空襲があり、私は奈良の御所から大阪の城東区まで、妹の無事を確かめに向かいました。電車の動くところは電車に乗り、歩くところは歩いて。森ノ宮まで来て、軍需工場の生徒たちが奈良県生駒郡に逃げたというのを聞き、そこからまた生駒郡に向かいました。やっとのことで妹の顔を見て「元気やな」と確認したら、また私は妹と別れて御所に戻りました。妹は妹で集団生活を解散していませんでしたから。

そのとき食べるものといったら、炊いたお米を干した「干《ほ》し飯《いい》」とか、大豆の炒ったもの。袋に入れて、腰にぶら下げていました。「干し飯」は、昔のお侍さんの携行食やな。いまのおむすびのように、味わって食べるものではないけれど、お腹を満たす助けにはなったかな。

今日妹の無事が確認できても、明日はわかりません。自分の命も、明日はどうなるかわからないんです。疎開先に帰っても、いつ空襲が来るかわかりませんから、モンペ姿で運動靴を履いたままで寝る生活でした。寝巻を着るなんて、とてもできなかった。食べるもんも、着るもんも、自分の身に着いているもの以外、何もないんや。

そのころの私らを支えていたのは「戦争に勝っ

たら」ということではなかったです。今日、今日、自分の本分を尽くすだけ。明日のことは考えず、今日自分のせんならんことをするだけ。誰もがそうだったと思いますよ。

私は看護婦の免許を持っていたので、大阪駅に張ったテントで、救護要員として働いていました。空襲の爆撃で火事に遭い、目をやられた、のどをやられたという人が、縁故をたどってぞろぞろと田舎に疎開して行き、それは悲惨やった。屋根もない、貨物列車に詰め込まれて行くんや。

後に、阪神淡路大震災が起こったとき、奈良に住んでいる歯医者さんのお嬢さんから電話があり「坊木さん（私の旧姓）、この震災と戦争で爆撃受けたときと、どっちが大変やった？」ときかれたことがあります。「そら比べものにならん、戦争や」と私は答えました。戦争のときは、日本の百八十七の市町村が爆撃を受け、助けに来てくれるところなどなかったんです。その中を生き延びて来たんやから、私はいま、どんな状況になっても、生きていける自信があります。

そんな日本の様子を見た外国の人の日記に「日本人は不思議な人種だ。あれだけ焼け野原になったところで、木の焼け残りを集めて掘立小屋を建て、雨露《あめつゆ》をしのぎ、その小屋のぐるりにどこかで見つけた草花を掘ってきて植えていた。そういう心にゆとりのある人種は見たことがない」と、書いてあったそうです。やっぱり、日本人の心には、どんなときでも草花を見て心をいやすという気持ちがあるんかな。

天皇陛下の玉音放送を大阪で聞き、やっと清川村に帰ることができました。父や母は「ああ、お前、生きとったんか」と、喜んでくれました。

上の妹は、小学校を卒業してから満蒙開拓青少年義勇軍に入り、茨城で農業研修を受けていました。戦時中の日本は食糧事情が悪かったですから、「俺も行くから君も行け。支那《シナ》にゃ四億の民が待つ」というようなキャッチフレーズが盛んに言われました。支那には四億の民がいるけれど、満州は手つかずの荒野だから、開拓に行こうということです。全国から理想郷を目指す人たちが満州に向かいました。清川村からも何人かが満州に行くための農業研修を受けていて、妹もそのなかの一人やったんです。幸いにして満州に行く直前に終戦になり、水戸から無事に戻ってくることができました。実際に満州に渡って、命からがらやっとの思いで引き上げてきた人たちのお話を、山崎豊子さんが『大地の子』という小説に書いていますが、ほんとうに気の毒やったなぁ。

水戸の研修から帰ってきた妹は、集団生活で疥癬《かいせん》に感染してしまったんです。ヒーヒー言うくらい、かゆいし、痛いし。それを見た母が、山に行って木の根っこを九種類掘ってきて、煎じたものをローションのようにペタペタ塗って。五日目くらいにお風呂に入るのにパンツを脱いだら、疥癬にやられた皮がいっぺんに剝《む》けてパンツにくっついてきて、それで治ったことがありました。

戦後から始めたお産婆の仕事。お産への想いは「人生の一コマ」。

九月の彼岸に両親の出生地である上芳養《かみはや》村へお墓参りに行った時、村役場に勤めていた親戚から、「高齢の医師が忙しくしているので、少しの間でも手伝うてくれんか」と言われて少しの間のつもりで医師を手伝い始めたんです。それと同時にお産も頼まれるようになりました。当時お産の費用は決まっていなかったし、私には医院の月給がありましたので、ほとんど無料でやっていました。

私がお産を取り始めた戦後すぐの時期、私の生まれた清川村のあたりでは、免許を持ったお産婆さんはいなかったので、子どもを七人も八人も産んだ人が、「取り上げ婆さん」として、自分の体験をもとにサポートしていました。誰かの家でお産となったら、取り上げばあさんのほかに、近所の人が五人くらい集まって助けました。そんなところに、新米助産婦の私が呼ばれて行くわけです。

最初に行った場所で、家族の人から「こんな小娘で、間に合うんか」って言われました。その言葉は忘れられんなぁ。それ以来、年配の女性が着る紺無地の着物に、きちっと帯をして、髪形もちょんまげみたいな感じにして、精いっぱい威厳があるように扮装して行くようにしましたよ。

取り上げ婆さんは、「障子の桟《さん》が見える間はまだまだ」とか「こんな感じでうなりだしたら近いで」とか、自分の体験をもとにしてお産の予測を立てます。私は内診して子宮口の開き具合からお産の進行をとらえることができましたから、お産の現場を重ねるごとに信頼してもらえるようになりました。当時は「お産なんていうもんは、普通のできごとやから、医者にかかるようなことではない」という考え方が主流でした。だから一度も診察したことのない妊婦さんから呼ばれることもあったんです。知らない男の人が迎えに来て、山奥に連れていかれたときは、「どこぞに連れていかれるんやろ」って心細かったで。「行かん」というわけにもいかんしな。

終戦して二年ほどで、次第に生活も落ち着いてきました。出征していた軍医さんも徐々に帰還されて医療の体勢も整ってきたので、上芳養に来られていた老齢の医師は、戦争の被害にあわずにすんだ大阪の帝塚山へ帰られました。

私は、そのまま上芳養に残り、役所が世話してくれた教員住宅でひとり暮らしをしながら、仕事を続けました。その頃から取り上げ婆さんはだんだんにかげをひそめ、私ひとりが村じゅうの妊婦さんの健診やお産、その他もろもろの事例に関わるようになりました。

その頃のお産に対する想いは「人生の一コマ」というとらえ方で、決して大げさなものではありませんでした。今のように、行政の助けなどはありませんから、育児に対する考え方も、産んだら全責任をもって養うという考えでした。もし母親が病気などで亡くなっても大家族でしたから、祖父母叔父叔母といった助っ人がたくさんいて、みんなそれぞれの家で責任を持って養育していました。親戚同士で助け合うかかわりに、しがらみも強かったですよ。

分け隔てしない性分は母譲り。

私の実家でも、父の弟の嫁さんが肺結核で産後母子ともにすぐ亡くなりましたので、残った子を二人家に引き取って養っていました。うちの子五人といとこが二人で、一時は大勢で小学校に通ったものです。

私の母は、自分の子と区別することなく育てたように思いますが、いとこの下の娘が上履きを必ず持って行かせるのに、人の上履きを持って帰ってきて、母を困らせていました。その娘の父親が山から帰ってくると、ぴたっと人のものを持ってくるということがなくなりました。今思うと、やはり親と離れて暮らす淋しさからの行為だったのでしょう。

昔は本当に貧しかったなと改めて思います。それにくらべると今の子育ては、物質的な貧しさはないのに、みんな一様に満足感がない。それはどこからくるのかといえば、物質のみ追い求めて、心が置き去りにされているからだと私は思います。

子どもが悪さをしたらすぐ叱られました。それも直情的にです。「コラコラ」とすぐやめさせて、そのあと説教。ただ、いさめる時は直情的でも、説教の時は、「こうだからこれはいけないことなんだ」といったように冷静に諭す大人が多かったように思います。例えばものを粗末にすると「人間はみんな生きているものの命をいただいて生かされているんだから、感謝していただきなさい」と。食べ物の好き嫌いをすると「三宝《さんぼう》さんの罰当たって、いずれは食べられん病気になって死ぬんやぜ」とか、いろんなことを言って諭してくれました。そのころは三宝さんがどんな神様か知らなかったものの罰当たって食べられんような病気になるのは困ると思って神妙にききましたよ。

家でいちばん母の味付けに文句を言っていた父が、食道癌にかかりました。家族で食べられん病気の人が一人居てるということは、ほかのみんなが食べることに特別な神経を遣うもんです。当時はお茶碗ひとつ扱うにも音を立てないように気を遣ったのを覚えています。父の死後、母は三十数年長生きしました。父は短い命でしたが、それなりに思い通りの生涯を過ごしたのではないかと思います。

戦後少しずつ変化を見せ始めたお産の形態。

上芳養では、「ここの地区は何日、ここの地区は何日」と決めて、妊婦健診も乳幼児健診も各家庭を訪問しながら診察していました。その合間合間にお産を取るのですから、結構忙しかったように記憶しています。

当時は妊婦さんも一般の人も、お産に対する意識が低く、初産の人は「大便が出てくる感じがしたらお産が近い」ということがわからない。便所に行って思い切りいきんでしまい、ポットンと便所の中に産み落とされた赤ちゃんが亡くなってしまったこともありました。私はそこにいませんでしたが、あとで駆けつけて事後処理をしたのでよく覚えています。

それから、逆子で片足だけが先に出てきたけど残りが出てこないと呼ばれたこともありました。行った時は手遅れで、出すことは出しましたが、残念ながら亡くなってしまいました。昭和二十年代ごろには、そんな事例が多かったですね。

健康に対する意識も低い時代でしたから、奥さんが自分の体調の悪さを夫に言えず、隠して働き続けることも多く、気が付いたときには手遅れになってしまうケースもよくありました。

そこでまず、健康生活についての衛生教育に重点を置こうと考え、各集落の婦人会を動かして、夜間に集まってもらい、集団教育に力を入れました。この活動は、十年以上続けました。食生活の改善に力を注いだ時期もありました。それは、日本の戦後の姿そのものであったと思っています。

昭和三十五、六年ごろは窮乏《きゅうぼう》のどん底でしたが、次第に戦後の傷跡が癒え、生活が安定してきました。そして昭和四十年以降からの変わりようは、目を見張るばかりだったと記憶しています。その頃からお産も施設分娩が主流となり、多くの古い助産婦は廃業し、和歌山市内でも二十五軒ほどあった助産所の多くはやめてしまい、頼まれて病院勤務に変わった人など、みなそれぞれにさまざまな道を選択し、一部の人たちは、細々と助産院を続けてきました。

そんな中、私は五十年余り続けた上芳養から平成九年九月に田辺市の朝日ヶ丘に助産所を移設し、後進の指導もするようになりました。いまも若い助産師たちとともに働いています。「今度は、どんな赤ちゃんに出会えるやろ」と思うと楽しみで、仕事を苦労だと思うことはありません。

三年と半年もの間、自宅で介護していた夫が四年前に亡くなり、今は独身生活です。舅《しゅうと》も姑《しゅうとめ》も厳しい人で、若いころは、楽しみのための旅行なんて、考えたこともありませんでしたが、今は花の独身ですから、助産師仲間たちと沖縄にも広島にもハワイ、台湾にも行きます。旅先では、太平洋戦争の戦跡に必ず行くんです。

こうやって振り返ってみますと、本当に山あり谷あり。いろんなことがあったなあと思います。

私は、苦労のさなかにある患者さんに、「十年帳尻あったらええやないか」って声をかけることがよくあります。今は大変としか思えないことでも、先々「あの苦労があったから、今の自分があるんやな」って、納得できる時期がきっと来るはずや。

まあ私の場合、十年どころか八十年帳尻かもしれないな（笑）。

（注）文中に出てくる「看護婦」「助産婦」「保健婦」は、その時代に合わせた表記の仕方をしています。

あとがき

この本には、子どもを産み育てる楽しさ、
そして母としての覚悟について書いたつもりです。
今まで本を二冊出していて、二冊目を作り終わった直後は、
「これで言わなあかんことは、もう全部ゆうたな」
という気がしていました。
でも、その後、テレビで、多くの痛ましい事件を目にする度、
事件を起こしてしまった子たちは、

いったいどんな風に育ってきたんやろ、
とお母さんとの関係に思いを馳せることが増えました。
それから、いわゆる三才児神話にがんじがらめになり、
産んだからには何がなんでも三才までは自分で
面倒みないといけないんだ、と一人で必死で育て、
結果鬱々としてしまったという話もよく耳にするようになりました。
そういったことをあれこれ考えるようになり、
一冊目からずっと助産所に通い、私が言ったことをまとめてくれている
ライターの尼崎さん、編集の松本さんと会った時、
そんな思いを伝えたことからこの三冊目の本づくりが始まりました。

赤ちゃんが産まれてくれて、嬉しい、
本当にかわいい。
産まれた直後はこころの底からそう思えていた気持ちを、
赤ちゃんが〇才のたった一年の間でさえ、
持ち続けていられないのが人です。これ、現実的な話や。
でもそれをなんとか持ち続けて欲しいと思うのは、
私の欲なのかどうなのか、いつも自問自答しています。
その気持ちを、半年持ち続けたら充分だと思います。
一年間持ち続けたら、もう最高や。
そこからは、子どもに助けてもらいながら共に育っていけるとええな。
楽しみながら、穏やかに。時には憎しみのない喧嘩もしながら。

もし○才の時にちょっと間違った育て方をしたなと思われる方は、
その子が何才であっても、こころの底から
「お母さんの思い違いであんたには大きな苦痛を与えていたように
思うんや。これから素直に間違いを正していきたいから、あなたも協力
してね。一緒に楽しい生き方を取り戻していこうね」
と子どもにお願いしてください。
○才児を大切に育てるのはものすごく楽なんやけど、
子どもが大きくなるにつれて難しくなります。
でも、どうかお子さんと一緒に、○才児で足りなかった部分を
取り戻す養いをしてください。必ず修復できますから。

まだ小さいうちなら抱いてやってください。
大きくなっても嫌がらなければ抱いてやってください。
お母さんは、どんなお母さんでも、
その子にとっては世界中にたった一人しかいない存在。
大好きな存在なんです。
言葉やしぐさで拒否しても、
本当は抱いて抱いて抱きしめて欲しいものなんです。
こころの底から抱いてくれるのを待っているんです。
お母さんの笑顔が好きなんです。
親子でお話して、抱っこする。
親子でお話して、抱っこする。

そのくり返しで、子どものこころが作られると思ってください。
あなたとお子さんの暮らしが、もっとよくなりますよう。
世の中がもっとよくなりますよう。
この本がその一助になれば、本当にうれしいです。

二〇一五年三月吉日　坂本フジヱ

坂本フジヱ

大正13年、和歌山県に生まれる。14才で働きはじめ、23才で和歌山県の上芳養《かみはや》の自宅にて「坂本助産所」を開業。73才で同県田辺市に移転。91才の今なお現役。4000人以上のお産にかかわり、子育てのよろず相談所として地域に貢献している。著書に『大丈夫やで～ばあちゃん助産師《せんせい》のお産と育児のはなし～』『大丈夫やで2～ばあちゃん助産師《せんせい》の産後と育児のはなし～』（共に産業編集センター／刊）がある。

ばあちゃん助産師《せんせい》 こころの子育て

二〇一五年四月十五日　第一刷発行

著者／坂本フジヱ
取材・原稿／尼崎道代
装丁／monostore
本文デザイン／monostore
DTP協力／原千尋
カバー・本文イラスト／つつみあれい
帯写真撮影／尼崎道代
本文写真撮影／清永安雄・尼崎道代・松本貴子
協力／神谷和世
スペシャルサンクス／取材にご協力いただいたお母さま、お父さま、
赤ちゃん、ご家族のみなさま、
坂本助産所のみなさま
発行／株式会社産業編集センター
〒112-0011 東京都文京区千石4-39-17
電話 03-5395-6133
FAX 03-5395-5320
印刷・製本／大日本印刷株式会社

ISBN978-4-86311-111-0 C0077